STRESS LESS
WORD SEARCH™

100 WORD SEARCH PUZZLES FOR FUN AND RELAXATION

Charles Timmerman, Founder of Funster.com

Adams Media
New York   London   Toronto   Sydney   New Delhi

Dedication
Dedicated to my family.

———————————————

Adams Media
An Imprint of Simon & Schuster, Inc.
100 Technology Center Drive
Stoughton, MA 02072

For information about special discounts for bulk purchases, please contact Simon & Schuster Special Sales at 1-866-506-1949 or business@simonandschuster.com.

The Simon & Schuster Speakers Bureau can bring authors to your live event. For more information or to book an event contact the Simon & Schuster Speakers Bureau at 1-866-248-3049 or visit our website at www.simonspeakers.com.

Manufactured in the United States of America

13 2024

Library of Congress Cataloging-in-Publication Data has been applied for.

ISBN 978-1-4405-9902-6

ACKNOWLEDGMENTS

I would like to thank each and every one of the more than half a million people who have visited my website, Funster.com, to play word games and puzzles. You have shown me how much fun puzzles can be and how addictive they can become!

It is a pleasure to acknowledge the folks at Adams Media who made this book possible. I particularly want to thank my editor, Lisa Laing, for so skillfully managing the many projects we have worked on together.

CONTENTS

Introduction

THE PUZZLES IN THIS book are in the traditional word search format. Words in the list are hidden in the puzzle in any direction: up, down, forward, backward, or diagonal. The words are always found in a straight line, and letters are never skipped. Words can overlap. For example, the two letters at the end of the word "MAST" could be used as the start of the word "STERN." Only uppercase letters are used, and any spaces in an entry are removed. For example, "TROPICAL FISH" would be found in the puzzle as "TROPICALFISH." Apostrophes and hyphens are also omitted in the puzzles. Draw a circle around each word you find. Then cross the word off the list so you will always know which words remain to be found.

A favorite strategy is to look for the first letter in a word, then see if the second letter is one of the neighboring letters, and so on until the word is found. Or instead of searching for the first letter in a word, it is sometimes easier to look for letters that stand out, like Q, U, X, and Z. Double letters in a word will also stand out and be easier to find. Another strategy is to simply scan each row, column, and diagonal looking for any words.

PUZZLES

Comfort Food

APPEALING

APPLE PIE

CALORIES

CARBOHYDRATES

CASSEROLES

CHICKEN SOUP

CHILDHOOD

CHOCOLATE

CLASSIC

CONSUMED

COPING

DISH

```
G N I P O C H O C O L A T E F W
Y T R A E H C O N S U M E D A E
R C S T C I G L A T S O N F O L
E H A P P L E P I E M O H S L P
M I T R A D I T I O N A L E T M
I C I E B H O A T S A P M L A I
N K S G F O D O E E E O A O E S
D E F R A O H I M C G T E R M G
E N Y U M D R Y N N N R R E O N
R S I B I O N E D E I O C S T I
E O N M L A G P M R L A E S I L
P U G A Y L K I O E A S C A O E
M P C H U C T Z T F E T I C N E
A O K D A N P Z H E P E E U S F
P M N N E E B A E R P A H S I D
C I S S A L C K R P A K W A R M
```

EMOTIONS	MOOD	SATISFYING
FAMILY	MOTHER	SENTIMENTAL
FEELINGS	NOSTALGIC	SIMPLE
HAMBURGER	PAMPERED	SNACK
HEARTY	PASTA	STEAK
HOME	PIZZA	TRADITIONAL
ICE CREAM	POT ROAST	WARM
INDULGENCE	PREFERENCES	
MEATLOAF	REMINDER	

Solution on page 112

A Walk in the Woods

```
K X S A S K C I T S D N U O S N
B O Y V V V H I K E R U T A N S
F R V D A M G P G V E O A W P K
F P E S G N I K L A W Y G R R C
H E X E R C I S E E T E I U Q A
R A S N Z O B M P L A N T S U P
N S D Z B E O I A H G S J T M K
B B U D S S V D R L U B U T N C
H M K R S L T O T R S M S V H A
T T W I G S O W R U N I I L Q B
A W J B E T N G O G O L T D W F
P Z J N S E J A C M Q R L I N O
Q M N H C C N O K B E A R R U X
O M A K G C O B S E I F A T J Y
E D A D D L D O S G U B I W Y J
E O C T E S G Z O Z O G N U J U
```

ANIMALS

AUTUMN

BACKPACK

BEAR

BIRD

BREEZE

BUDS

BUGS

COOL

DAMP

DEER

DIRT

EXERCISE

FOX

GROVE

HIKE

HUMID

LEAVES

LIMBS

LOG

MOIST

MOSS

NATURE

NEST

OUTDOORS

OWLS

PATH

PLANTS

QUIET

RAIN

ROCKS

ROOTS

SHADE

SNAKE

SOUNDS

SPRING

STICKS

TREES

TWIGS

WALKING

Solution on page 112

Stay Positive

ACHIEVE

AFFIRM

ASPIRE

BELIEVE

BOOST

BRAVE

BRIGHT

CARING

CHEER

CONQUER

CONSTRUCTIVE

DREAM

EMPOWERMENT

ENERGY

EXCELLENT

FUNNY

GENTLE

GOALS

HAPPY

HEALTHY

HELPFUL

HOPE

IMAGINE

JOY

KIND

LOVE

MOTIVATE

PASSION

PLAN

PROUD

REWARD

SMART

STRONG

SUCCESS

SURE

UPBEAT

VISION

WIN

YES

ZEAL

```
K Y K P Y U L O V E N E R G Y L
E S T P B W P S V P L A N G A Y
L L P T O I Q B M D N I K E N T
C A Y C O N Q U E R R X Z N R M
H O D L S E Y C X A I S U T I A
A G N U T N Y B C H T F V L F S
E T J S O H D R E A M X F E N P
E B R J T R F L L L S H T A P I
R V P L I R P P L S I A O N D R
U R A U N F U L E B V E O P R E
S E S R U R S C N I R I V U E N
H W S L B T C T T G S I H E E I
X A I M R U R O U I Y W G G H G
Q R O O S A M J V E V E I H C A
R D N E M P O W E R M E N T T M
Q G Q S X Y K N F L R I D E O I
```

Solution on page 112

Cruise Ship Vacation

```
O Q H V A Y P M L E Z M G K T N
X E G N U O L U X U R Y T S P A
P R E N N I D O O F M G A T T E
M E R V I S N O I S R U C X E C
U G R K C E D T Y L T I T B D O
S H U F F L E B O A R D I I C E
I C S A O F P S N E F E V S R L
C P L O F R A T T M K I I E E P
M A S U U J M R T H N D T X C O
A R B W B V P E F G G A I D N E
M T E D I S E C R S W I E I A P
T Y O L K M R N G S T O S N D D
U V O U A O I O I A F A G I H S
W O R G R X N C P R C B A N D S
P O H S R S G T V I S I T G I R
C E H Q S Y Z A Z Z U R S R A B
```

ACTIVITIES

BANDS

BARS

BINGO

BUFFET

CASINO

CLUBS

CONCERT

DANCE

DECK

DINING

DINNER

DISCO

DIVING

EXCURSIONS

FOOD

GAME

GUIDE

GYM

LOUNGE

LUXURY

MEALS

MUSIC

OCEAN

PAMPERING

PARTY

PEOPLE

PERFORMERS

POOL

RELAX

SHOP

SHUFFLEBOARD

SIGHTSEEING

SOUVENIRS

SPA

SWIM

TAN

TOUR

VISIT

WATER

Solution on page 112

Have a Seat

ADIRONDACK

BACK

BEACH

BENCH

CHAIR

COMFORTABLE

COUCH

CUSHION

DESK

ERGONOMIC

FABRIC

FANCY

FOLDING

FURNITURE

LEATHER

LEGS

OFFICE

OTTOMAN

PADDED

PATIO

RECLINE

RELAX

```
H U M B R S Z T H C U O C E N G
C H A I R S R H B P S G L S Z Z
I J W I C K E R H N T B R O B B
R R Q A D I R O N D A C K F E R
B F E V P Y L N E T C U W A N K
A Z M H A S Q E R G K S C E C S
F L O O T S M O G A I H K A H E
A U T E I A F Z O T N I B S Q D
N G R T O M E F N F G O D A Z P
C Y O N O H M L O R F N Q D K Q
Y G P C I Y N T M L O I N D X Y
G N P O W T T A I G D C C L A Q
O I U I T O U D C Q S I K E L L
S W S S M U O R E C L I N E E H
H S E A T E D D E D D A P G R D
H R N K B Y A C Y N T H S A J J
```

REST

ROCKER

SADDLE

SEATED

SIT

SOFA

STACKING

STOOL

SUPPORT

SWING

THRONE

UPHOLSTERY

WICKER

WOOD

Solution on page 112

Adorable Puppies

BARK

BREED

CHEW

CLUMSY

CUDDLY

CURIOUS

CUTE

DOGS

DROOLING

FETCH

FRIENDLY

FUN

GROWING

HAPPY

JUMP

LEASH

LICKS

LOVABLE

LOVING

MESSY

MISCHIEVOUS

PLUMP

ROLL

RUN

SILLY

SLEEPY

SLOBBERING

SMALL

SOFT

SQUIRMY

SWEET

TEACHING

TEETH

TOYS

TRAIN

WARM

WHINING

WRESTLE

YIP

YOUNG

```
M H V K X M N J D G D G O E I Q
T E E T H T R M J G N H F T S S
G H S O A J R A P I Y I U U K S
R M G S Y Q Q U W E H C N C N Y
P I O I Y M O O G G G Z I I P O
P S D A S F R I E N D L Y P H T
R C V J M G D I I R I I A A E W
B H Q S U O I R U C Y H Y N L R
E I L H L M E B O Q N L C I T O
H E L L C B P T F O S E H A S J
Y V L L B T C U D D L Y R R E B
U O P O E G E Y B B E I U T R T
R U L V F A O F A I E O N E W E
B S U I F U S V R R P D E G U E
P E M N N K O H K P Y D W A A W
W Z P G Y L L I S M A L L L N S
```

Solution on page 112

Lazy Sunday

```
G X T Y W T S E L Z Z U P M A T
W U C R L G E H T N B P W T P T
I P I E Z C Y G O A G O Q A S G
N T S E K A C N A P F T B E L L
E M U R E L D I C R P B R O E K
Z E M O H B H R I B R I U J E B
I L D Q B N O E C G A N N B P H
T X B W Y S N H K N G T C G T C
A A K C S D U T B I R C H T Y N
F L L W S R I A N N E D R A G U
O E O K C S R G C R Z I O E C L
S R R H I B K B O O K S V R N L
D E W V E V I R D M F F A O L O
F J M C H I L L A X U F I V M R
X I U A D G X X N N T Z E G T T
K E L G G U N S K S N O V E L S
```

BARBECUE

BATH

BOOKS

BRUNCH

CHILLAX

CHURCH

COFFEE

CRAFTS

CROSSWORD

DRIVE

EAT

FRIENDS

FUN

GAMES

GARDEN

GATHERING

HOME

IDLE

LOAF

LOUNGING

LUNCH

MORNING

MOVIE

MUSIC

NAP

NOVELS

PANCAKES

PUZZLES

RELAX

REST

SHOPPING

SLEEP

SNUGGLE

SOFA

STROLL

TALK

VISIT

WALK

WINE

WRITE

Solution on page 113

Creativity

ART

BRAIN

BUILDING

CONCEPTUAL

CRAFT

CREATE

DANCE

DESIGN

DIFFERENT

DRAW

FUN

GENIUS

GIFT

IDEA

INSIGHT

INSPIRATION

INTELLIGENCE

INVENTION

MUSIC

NEW

NOVEL

ORIGINAL

PAINT

PERSONALITY

POET

PROCESS

PRODUCT

SCIENCE

SCULPTURE

SOLUTION

SPECIAL

STORY

TALENT

THEATER

THINKING

THOUGHT

UNIQUE

UNUSUAL

VISION

WRITER

```
B K Z Y M D A N C E T A E R C G
R H N R O E C N E I C S C O V S
E P O O R R B U I L D I N G I M
T W I T I U T T U C S W E N S D
I A T S G T R N B O N U G I I L
R R U T I P A E Y N T Q I K O T
W D L L N L U R T C H I L N N F
J V O A A U N E I E G N L I E I
H P S I L C U F L P I V E H U G
P R O C E S S F A T S E T T Q S
N O V E L I U I N U N N N A I J
M D Q P T D A D O A I T I L N X
U U T S H E L O S L A I A E U R
S C T H E A T E R M R O P N F I
I T H G U O H T E Q B N D T U V
C R A F T U G P P D E S I G N B
```

Solution on page 113

Meditation

ALONE

ATTENTION

BREATHING

BUDDHISM

CALM

CHANTING

CONCENTRATION

CONSCIOUSNESS

CONTEMPLATION

DEEP

DISCIPLINE

EXERCISE

FOCUS

GURU

HINDUISM

LOTUS POSITION

MANTRA

MENTAL

MINDFULNESS

NEW AGE

PEACEFUL

PRACTICE

PRAYER

QUIET

RELAXATION

RELIGIOUS

SPIRITUAL

STRESS RELIEF

SWAMI

TANTRA

TECHNIQUE

THERAPY

THINKING

VISUALIZATION

YOGA

ZEN

```
S A P E A C E F U L A T N E M U
U N R C H A N T I N G E C Q V K
C O A I O C A L M A G O Y U I M
O I Y T N N T S T A N T R A S S
F T E C O E T S W C L U L I U L
K I R A I S E E E T G O U E A S
B S B R T I N N M Y E D N U L S
R O U P A C T S L P N I T E I E
E P D E X R I U Y I L I U M Z N
A S D H A E O O H P R A A Q A L
T U H T L X N I I I A W T L T U
H T I D E E P C P F S R F I I F
I O S T R E S S R E L I E F O D
N L M G N I K N I H T I S H N N
G Q J A D S U O I G I L E R T I
F E U Q I N H C E T A R T N A M
```

Solution on page 113

Bed and Breakfast

ACTIVITIES

ATMOSPHERE

ATTRACTIVE

BEAUTIFUL

CHEERY

COMFORT

COZY

CUTE

DECOR

DELIGHTFUL

ENJOY

ESTATE

FOOD

GARDENS

GOOD COMPANY

GUESTS

HOMEY

HOSPITALITY

HOTEL

HOUSE

INN

MANSION

MASSAGE

OWNERS

PORCH

PRIVACY

PROPRIETORS

QUIET

RELAXED

REST

RETREAT

ROOM

SCENERY

SERENE

SERVICE

SUITE

TOURS

TRADITION

VIEW

WEEKEND

```
Q I K M T V L Z W A H C R O P E
W E N J O Y U S C E N E R Y F P
Y R E E H C F T O R S R U O T W
E T I U S A I W M R E S T A T E
E V I E W V T E F O R L M E D E
R T I Y I I U N O W V R A Q T K
E S E T H R A E R N I O S X A E
H N I I C P E R T E C O S F E N
P E N L U A B E D R E M A O R D
S D N A V Q R S T S E U G O T E
O R X T L U F T H G I L E D E C
M A X I L N O I T I D A R T R O
T G G P W E V M M A N S I O N R
A Z C S R O T E I R P O R P D F
L S G O O D C O M P A N Y Z O C
Y H J H O M E Y H O U S E T U C
```

Solution on page 113

Nature

AIR

ANIMAL

BIRDS

BLACKBERRY

CLOUDS

DIVERSITY

EARTH

ECOSYSTEM

FOOD

FOREST

FRUIT

GREEN

GROW

HIKE

HUMAN

HURRICANE

LAKE

LAND

LIFE

MOTHER

NATURE

OCEAN

OUTDOORS

PARKS

PEACEFUL

POLLEN

PROTECT

REPRODUCTION

RIVER

SEA

SKIES

SNOW

SOIL

SPRING

SUN

TREE

WATER

WIND

WOODS

WORLD

```
H W H D H S B O G N I R P S S S
Q L I N K G D C E M N N R N M X
J I K I M I O E J E A Z O S E L
H O E W T R R A N T M W T R P F
E S B P P G E N U S U N E O W L
F F K W A T E R S Y H P C O E N
P D I R Z S E N B S R D T D Z J
Y I D L A N D S A O A W X T A C
T V L V G P V R D C N F R U I T
R E H T O M E U I E I O F O O D
Y R R E B K C A L B M R I C E L
L S E A C T L W C S A E R A Z R
X I J V I W O T H E L S R U B O
C T N O I R U R O A F T U I H W
A Y N Z G R D E K Y H U L W Z M
M E W O O D S E S N E L L O P S
```

Solution on page 113

Works of Art

ACRYLIC

AESTHETICS

ANCIENT

ARTISTS

BEAUTY

CANVAS

CARVE

CAST

CUT

DESIGNS

EASEL

FORMATS

FRAME

GALLERIES

GENRE

IMAGES

LAYERS

LOUVRE

MARBLE

MONET

MOSAIC

MURAL

MUSEUM

OIL

PAINTING

PANEL

RELIEF

RENAISSANCE

ROMANTICISM

SCENE

SKETCH

SKILL

STATUE

STYLE

TEMPERA

VAN GOGH

VISUAL

WARHOL

WATERCOLOR

WORKS

```
S G T F I K S N S W A R H O L T
B T C R L G T R G C U S B A M S
M O A A C R Y L I C N B U K C A
U L N M M O L O R U S S M I A C
S O V E R L E U E T I S T R T S
E T A Z A O O V N V I E T N B N
U P S Y L C F R A C H I E J E G
M F E V L R I E I T S I G R A I
O R S V A E J T S T C N N L U S
S S C A R T N E S N I E L I T E
A K E N U A A L A T G E F O Y D
I E N G M W C L N A R E P M E T
C T E O A O R I C I I S M G A E
R C R G M M A K E L B R A M S N
N H E H P P I S E U T A T S E O
M O L B A W O R K S P A N E L M
```

Solution on page 113

Staying Healthy

ACTIVE

AEROBICS

ATHLETIC

BALANCE

CALCIUM

CALISTHENICS

CALORIE

DIET

DOCTOR

EXERCISE

FATS

FIBER

FITNESS

FRUIT

GYM

HEART

HOLISTIC

IMMUNITY

IRON

LIFESTYLE

MAGNESIUM

MEDICINE

MILK

```
S  B  S  I  K  L  I  M  U  I  C  L  A  C  E  H
Z  I  S  W  Y  F  P  T  U  O  K  R  O  W  U  W
I  H  D  C  T  I  R  E  V  I  T  C  A  N  P  E
Z  O  I  A  I  T  O  H  T  G  N  E  R  T  S  F
D  G  E  L  N  N  T  M  U  I  S  E  N  G  A  M
M  R  T  O  U  E  E  S  Z  I  L  P  L  E  Q  H
Y  Y  H  R  M  S  I  H  C  Y  D  R  R  E  O  E
M  M  G  I  M  S  N  R  T  O  T  O  E  L  S  A
Q  M  I  E  I  H  E  S  C  S  B  V  I  L  T  R
L  W  E  N  W  X  E  T  E  I  I  S  K  L  A  T
T  A  W  D  E  F  O  R  C  T  T  L  L  G  M  X
Z  T  Z  R  I  R  B  S  A  I  A  E  A  K  I  I
P  E  E  L  S  C  A  M  C  W  W  Z  L  C  N  R
X  R  E  B  I  F  I  L  F  R  U  I  T  H  A  O
A  S  T  R  O  N  G  N  S  R  O  B  U  S  T  N
A  F  A  T  S  J  U  U  E  C  N  A  L  A  B  A
```

MINERALS

PROTEIN

RELAX

REST

ROBUST

SELENIUM

SLEEP

STAMINA

STRENGTH

STRONG

VITAMINS

WALK

WATER

WEIGHT

WELL

WORKOUT

ZINC

Solution on page 114

A Cup of Coffee

```
C T Y W T U L L V E S P L G U M
U A S N A C K V Y D Q A U K O R
E T T A L C S V A O I K V C E H
K P P S O T H S Z N P C H A F M
A C H A I R S I S U I A H R J A
N O O R X R C T P T F L A O O L
Y F G L W P A G A S N B L M D O
E F B A C N R B W L I Z K A N U
G E T R T I A X H W K C U A U N
C E E X N D M S Y X P I S S O G
R A S D L C E S U G A R N Y R E
M B E E B R L C A M N L O G G K
E R L C F P B R I A L B E A N A
U I B A R I Z L S H R A D R S C
Q E A F N F K O F E T O H F X Q
B F T G I O N V W Q S D P S J D
```

AROMA

BARISTA

BEAN

BLACK

BREW

BRIEF

CAKE

CARAMEL

CHAIRS

CHIPS

CLOCK

COFFEE

CREAM

CUP

DECAF

DONUTS

FRESH

GOSSIP

GRINDER

GROUND

HOT

ICED

INSTANT

JAVA

LATTE

LOUNGE

MILK

MOCHA

MUG

NAPKIN

RELAX

ROAST

SNACK

SODA

STIR

SUGAR

TABLES

TALKING

VANILLA

WATER

Solution on page 114

The Weekend Is Here

ACTIVITIES

ADVENTURE

BAKE

BARBECUE

BEACH

BREAK

CARTOONS

CHURCH

CLEAN

DATE

DINNER

DRIVE

ENTERTAINMENT

EVENT

FOOTBALL

FUN

GAME

GARAGE

GOLF

HIKE

LAZY

MOW

MUSEUM

```
Z D L R G L E V A R T E N N I S
T I Y Z A L R U W R G O L F K L
G N I M M I W S U A C L E A N O
D N E R E R E C R E A T I O N W
A E R M C S R A E T E V I R D T
J R U V N E G T C M M S R L E M
Z U T X T I I E U Q I K B K H F
I R N A L P A S P V A N A C T V
D R E L A X E T E E X B R N P B
A H V L O U P L R S P U B E A A
T H D A M I E B A E H I E V R P
E C A B R T G K T C T L C E K U
N A C T I V I T I E S N U N A X
N E M O W N S H O H H M E T I M
A B V O U E P S N O O T R A C C
W N J F R X T V I R P D A J T C
```

NAP

PARK

PICNIC

PLAN

RECREATION

RECUPERATION

RELAX

REST

SHOP

SLEEP

SLOW

SWIMMING

TELEVISION

TENNIS

THEATER

TRAVEL

TRIP

Solution on page 114

Nice Baths

BABY

BUBBLES

CLEAN

CLOTH

COLD

DIRTY

DRY

FACE

FAUCET

FEET

GEL

HAIR

```
S Q P P B Y R D V A W D O C E A
H K E A D A B T U C L L V L R G
T R B S M L L S F H X H S A U F
R Y D L N P E N K C W T A E A I
B I C A I I E H J U U F N A R L
K V E R K O R R O B E U P A V R
R L A E S A E D G T Y S C X F C
C B O H X P R N U P N Y N E O H
Q U O T M D I I M J P O E T N S
V B L A I H A W W R D T E E S A
Y B H L T O H N Z D E I M C O W
M L T O S M N U C C U D R H A A
B E O V D T E O U Q G U W T K R
A S W A R E L A X E B V E O Y M
K W E N V D F A L I U R A L P X
G R L K S G M Q S N E F A C E O
```

HAMPER	READ	TOYS
HOT	RELAX	TUB
KIDS	RINSE	UNWIND
LATHER	ROBE	WARM
LOTION	SALTS	WASH
OATMEAL	SCRUB	WATER
OIL	SKIN	
PAMPER	SOAK	
PLAY	SOOTHING	
POWDER	SPA	
QUIET	TOWEL	

Solution on page 114

Happy Marriages

AFFECTION

ALLIED

BLISS

CEREMONY

CHERISH

CONNECTED

COUPLE

CUDDLE

DEDICATED

FAMILY

FRIENDS

FUSED

HEARTS

HONOR

HUGS

HUSBAND

JOY

KISS

LISTEN

LOVE

MARRIAGE

MATCH

OATH

PARTNERS

PATIENCE

PROMISE

RESPECT

ROMANCE

SATISFY

SHARE

SPIRIT

SPOUSE

SWEET

TEAM

TREASURE

TRUST

UNITED

VOW

WEDDED

WIFE

```
F L R A W D Y I M B Q J Q U V C
A I E N S J D E I L L A B O Z G
M S L C O N N E C T E D W M Z A
I T P Y K I S S D N E I R F F R
L E U L N U T S G I Y E M R U X
Y N O M E R E C S H C W W E N A
W V C W G E C N E I T A P S I R
E Q D N A B S U H F L A T P T O
P R O M I S E H E J F B O E E N
Y Y P A R T N E R S G A W C D O
F S H A R E E C U D D L E T P H
S T V S A T X H S I R E H C E Y
R S G T M R O M A N C E W A W Z
F U S E D E D D E W T I R I P S
H R J A T H B O R M A T C H F C
I T X M Y F S I T A S P O U S E
```

Solution on page 114

Living Well

ABUNDANCE

ACHIEVEMENTS

AFFLUENCE

BANK

BLISS

BONDS

BUTLER

CARS

CASH

CLUB

DONATE

FAME

FINEST

FOOD

FORTUNE

GOLD

HAPPY

HEALTH

HOBBY

HOUSE

INVESTING

JOY

LEISURE

LUXURY

MONEY

PARTY

PEACE

POOL

PRIVILEGE

RELAXATION

RICH

SATISFIED

SECURITY

SPEND

STOCKS

TENNIS

TRAVEL

VACATION

WEALTH

YACHT

```
B L I S S D R X B I I D O A M A
Y O B U T L E R P O O L J Q D Q
E Y A D H O F I H O B B Y O J F
N R B C A D C A F C O F O D G H
O U U Y H F O K M S I O D N E O
M X N S T I F N S E I R I C D U
A U D Y I R E L A X A T I O N S
B L A S T E A V U T S U A H O E
B A N K R H L P E E E N E S I C
X H C S A E Y U V M N E J A T A
T T E O V A C N R J E C S C A E
H L E G E L I V I R P N E R C P
C A D N L T Z F I N E S T M A A
A E P G N H Y T I R U C E S V C
Y W Q P I I B U L C C Z W Z O N
G E V B Y P S P E N D L O G A I
```

Solution on page 114

Inspirational

```
C V S D N E I R F L H N A L W R
S B A B I E S A G L I Q T Z A S
E E G G O R S R S U N S E T S C
S E O R E H W K E L P M A X E H
U P D T I S O O L D A V B M T Q
M O T O O K B O C A A Z I O P Q
P E N N S P N B A T T E B V E U
L M G H P R I O R R F P L I O O
U S M C E A A S I A Y B E E P T
L U S R E Y R A M T N R G P L E
G N D U C E A I L C O A C H E S
I R R H H R L A K V R V T K V L
W I E C M Y Y P Y U T E E U A O
K S A S R O T C O D N R P D R V
V E M L L A O C E A N Y A O T E
T W O Z S T O R Y I B A P R H X
```

ART

BABIES

BIBLE

BOOK

BRAVERY

CHURCH

COACHES

COURAGE

DEVOTION

DOCTORS

DREAM

EXAMPLE

FAMILY

FASHION

FRIENDS

GOD

HEROES

HOPE

LEADERS

LETTERS

LOVE

LOYALTY

MIRACLES

MOVIE

MUSES

NATURE

OCEAN

PEOPLE

PEP TALK

POEMS

PRAYER

QUOTES

RAINBOWS

SONGS

SPEECH

STORY

SUNRISE

SUNSETS

TEACHERS

TRAVEL

Solution on page 115

Flower Garden

```
V B K U O Z X B C X P M J W Q P
H I B I S C U S R E U W A T E R
W B O R D E R D O L E B Z V C H
N Z T U L I P N C D I H C R O R
A Z A L E A Y H U O B T P S L T
Y A N A R C I S S U S N E W O N
Y S I A D F E R T I L I Z E R Y
R O S E L A N T A N A C T E F B
S H T A P S E A S O N A L D U K
B N O G A R D P A N S Y S A L Q
P O C J F R P Z A D A H L I A Y
P B N L E C O F M S V S E V R L
M U I N I H P L E D T E W L L I
S E R R E R P A C A X E O A U L
S A T A D T Y G K E R B R S G P
G S N G I S S E V O L G T B C P
```

ASTER

AZALEA

BEES

BIRDS

BONNETS

BORDER

BOTANIST

BUTTERFLIES

COLORFUL

CROCUS

DAHLIA

DAISY

DELPHINIUM

FERTILIZER

FLAG

GARNER

GLOVES

HIBISCUS

HOSE

HYACINTH

IRIS

LANTANA

LILY

MULCH

NARCISSUS

ORCHID

PANSY

PATHS

PEONY

POPPY

ROSE

SALVIA

SEASONAL

SIGNS

SNAPDRAGON

STAKE

TROWEL

TULIP

WATER

WEED

Solution on page 115

Sleeping

APNEA

AWAKE

BEDROOM

BEDTIME

BLANKETS

BODY

BRAIN

COMFORT

DEEP

DISORDERS

DREAMING

DROWSY

DURATION

ESSENTIAL

FATIGUE

GROWTH

HEALTHY

HOMEOSTASIS

HUMANS

INSOMNIA

LACK

MAMMALS

MELATONIN

MEMORY

MORNING

NAPS

NARCOLEPSY

NEEDED

NIGHTMARE

NIGHTTIME

PILLOW

RAPID EYE

REM SLEEP

REST

SLEEPING

SLUMBER

SNORING

TIRED

WAKEFULNESS

WAKING UP

```
P I L L O W F A T I G U E F S N
B Y S W O R D E R I T M G Z N M
G R T I S D U R A T I O N C A O
R O E N S W A P D T K A I M M R
O M K S R A B E D R O O M T U N
W E N O R K T E N Y D A A N H I
T M A M E E B S S P L B E I K N
H P L N S F D P O S A D R G N G
E U B I T U E R Y E E E D H I N
A G R A R L S Y O D M N K T N I
L N L K O N P O E S O O T T O P
T I B C F E A E L D I B H I T E
H K R A M S N E M H I D D M A E
Y A A L O S E K A W A P Q E L L
N W I J C P N I G H T M A R E S
R G N I R O N S L U M B E R M P
```

Solution on page 115

Pleasant Picnics

ANTS

BBQ

BEER

BUNS

CAKE

CATCH

CHARCOAL

COLAS

CORN

CUPS

DATE

EGGS

FIRE

FOIL

FOOTBALL

FRUIT

GRASS

HAMBURGERS

KIDS

LIGHTER FLUID

MARINADE

MARSHMALLOWS

MATCHES

MEAT

NAPKINS

OUTDOOR

PARK

PIT

PLAYGROUND

RECREATION

SALT

SANDWICH

SEARING

SEASONING

SHELTER

SKEWERS

SOFTBALL

THERMOS

VEGETABLES

WATERMELON

```
I F M B T S E A S O N I N G V I
S K E W E R S L L A B T O O F K
M E A M V E G E T A B L E S R C
R J T S A G O U T D O O R A E U
N O L E M R E T A W A C P G T D
H W N H G U S L S C C N R R L I
Y C Y C E B L H K N O U T A E G
K M T T K M I W M I I L P S H H
J A V A A A O E T A D K A S S C
A R F M C H F A T B L S P S Y I
D I U L F R E T H G I L N A Z W
Y N P W U R P L A Y G R O U N D
Z A I I C T H E R M O S C W B N
A D T E Y O G L L A B T F O S A
F E R I F G R O Y G N I R A E S
Z T L A S U X N B B Q H B C Z D
```

Solution on page 115

Back Home Again

ABODE

ANTICIPATION

BALLOONS

CAR

CELEBRATION

CHILDHOOD

DIFFERENCES

DINNER

DOOR

DRIVE

EXCITEMENT

FAMILY

FLY

GATHERING

GIFTS

GREET

HUGS

KISSES

LOVING

MARINES

MEMORIES

MOVING

NAVY

```
Y L I M A F V P W R R O O D F N
A H K C A P N U X A L E R O L W
D S U R P R I S E C U R E O F S
C I E G D K I S S E S T C H D C
D S N I S I T N G W N N U D E H
T R N N T M F N E E K E P L S O
E E I O E I I F M S N W E I R O
D T G V O R R E E A N B R H I L
O U I Q E L T A L R R O A C N U
B R F H T I L P L A E R T T E T
A N T I C I P A T I O N E S V V
B A S X Y T O I B T M C C T U Q
G I E M E M O R I E S I R E O V
V T C E N N O C E R I A S P S K
E F R M O V I N G N I V O L W I
V G W O R K J Q I N A V Y L F Q
```

NEWBORN

PETS

PLANE

RECONNECT

RECUPERATE

RELAX

REST

RETURN

SCHOOL

SECURE

SIMILARITIES

SOUVENIRS

SURPRISE

TRAIN

UNPACK

VISIT

WORK

Solution on page 115

Relax

AMUSEMENT

BED REST

BREATHER

CALMNESS

DANCING

DIVERSION

DREAMING

EASE

ESCAPE

FESTIVITY

FREE TIME

FROLIC

FUN

GAME

HAMMOCK

HOLIDAY

HONEYMOON

INACTIVITY

LANGUOR

LARK

LAZINESS

LOOSE

MERRIMENT

NIGHTLIFE

PASTIME

PICNIC

PLAYTIME

QUIETUDE

RECLINE

RECREATION

REJUVENATE

RELAXATION

SLACK

SLEEP

SPORT

TIME OFF

VACATION

VEGETATION

```
Y L E H E P T I M E O F F W E H
A L D A N L Y R G S E R B C S T
D I U M I A T E N A S O R Y O N
I R T M L Y I J I E C L E T O E
L O E O C T V U C T A I A I L M
O U I C E I I V N B P C T V A E
H G U K R M T E A Y E A H I Z S
P N Q T G E C N D C X D E T I U
A A V N U F A A I A A E R S N M
S L E E P R N T L G P T W E E A
T R O P S E I E I M H I I F S X
I S D I V E R S I O N T C O S T
M V E G E T A T I O N E L N N B
E M A G N I M A E R D A S I I Z
H O N E Y M O O N K C A L S F C
K R A L M E R R I M E N T F G E
```

Solution on page 115

Pay a Compliment

ACCLAIM

ACCOLADE

AMAZING

APPLAUSE

AWESOME

BEAUTIFUL

CHARMING

CHEERFUL

CLEVER

ENDORSE

FABULOUS

FLATTER

FRIENDLY

FUNNY

GENEROUS

GENIUS

GOOD

GORGEOUS

GREAT

HANDSOME

HOMAGE

HONOR

KIND

```
G G N O R T S I N C E R E P U S
O R T R I B U T E M O S D N A H
C S E M O H O M A G E R P P W I
R D U A P E R F E C T X P F E I
P O L I T E E F A B U L O U S G
P G N T N G N I M R A H C N O O
K N O O T E E W S U E F V N M O
P I T R H F G D S D P R F Y E D
S Z A T G P B E A U T I F U L F
N A L A P E R L U F R E E H C T
J M E C K R O E P L A N S Y Z Z
H A N C M C A U T A V D R L N L
W P T L C D W I S T E L O E I N
P L E A S A N T S T Y Y D V C T
F D D I R L A I C E P S N O E C
Y Z S M A R T B K R E V E L C P
```

LOVELY

NICE

PERFECT

PLEASANT

POLITE

PRAISE

PRETTY

RAVE

SINCERE

SMART

SPECIAL

STRONG

SUPER

SWEET

TALENTED

TRIBUTE

WARM

Solution on page 116

Mental Aerobics

```
D R K D N S K O O B P U Z Z L E
M N E V O R P M I H H L G L B X
P E E L S N O I T C E N N O C P
Y C E H A T A W K V I O L S H E
L S S E E T O L O G I L S I E R
R S T N R R I N A T A M T T A I
E S I G G E P O A T E G C R L E
D E M A N D S M N M N N U O T N
L N U G M L R O O S P I D C H C
E T L E N O R R S C H S O C Y E
M I A D F F Y T A S K I R H S S
E F T N E U R O N S T C P E E T
N O I T I R T U N I A R B S S I
T W O R D S E A R C H E E S N B
A G N S T U D I E S H X W S E A
L E A R N C I F I T N E I C S H
```

AGING

BOOKS

BRAIN

CHESS

COMPREHEND

CONNECTIONS

CORTISOL

DEMANDS

ELDERLY

ENGAGED

EXERCISING

EXPERIENCES

FITNESS

FRONTAL LOBE

GROWTH

HABITS

HEALTHY

IMPROVE

INFORMATION

LEARN

MEMORY

MENTAL

NEURONS

NOVEL

NUTRITION

OLDER

PRODUCTS

PUZZLE

REASON

RELATIONSHIPS

SCIENTIFIC

SENSES

SLEEP

STIMULATION

STRESS

STUDIES

TASK

WORD SEARCH

Solution on page 116

Be Friends

ACCORD

ACQUAINTANCE

ACTIVITIES

ASSOCIATION

ATTACHMENT

ATTRACTION

BEHAVIOR

BONDING

BUDDIES

COLLEGE

COMRADESHIP

DEPEND

EMPATHY

FAMILY

FEELING

FOREVER

FRIENDS

GROUP

HELP

HONESTY

INTERESTS

INTERPERSONAL

JOY

```
C S U P P O R T I V E L P O E P
O E M P A T H Y C R E N T R A P
L O Y A L T Y I N T E R E S T S
L A C Q U A I N T A N C E L T D
E U N D E R S T A N D I N G A N
G W F O P I H S E D A R M O C E
E O R E S P E C T E S E G R H I
V R B Y E R N N R P S V F O M R
B K O Y I L E E U E O E F I E F
U P N O T M I P E N C R A V N R
D L D J I S F N R D I O M A T O
D A I T V T E Y G E A F I H G M
I C N P I H S N O I T A L E R A
E E G O T N E V O L I N Y B O N
S D R O C C A J N H O G I Y U C
A T T R A C T I O N N N H E L P E
```

LOVE

LOYALTY

NEED

PARTNER

PEOPLE

RELATIONSHIP

RESPECT

ROMANCE

SENTIMENT

SUPPORTIVE

TRUE

UNDERSTANDING

WORKPLACE

Solution on page 116

Snowy Afternoon

```
F D S W N D L O C W K M K X F O
W L G H H Z O H Q B M F J N L G
L S J N O I D Z A S E L Z Z U P
S W N R I V G K B C N M A V F F
T N R O O Y E Z A I O I Q P F X
U S N O W B A L L U Z M B C Y J
C O C O A S P L N R E H T A E W
K O D H C E H T P P U L R U C A
J R R D R O A O A U H F S B L R
S O I I O I F C E E R T S G O M
U S F H N L S F A E O W N Z U T
W E T S A D E T E R F I O S D N
K M S K N C C Z M E T N W E Y X
P K E A B L I Z Z A R D M M S D
G S L E D N Q J K D S Y A A E T
G I Z T G Z X S S K I I N G W S
```

BAKE

BLIZZARD

CABIN

CHRISTMAS

CLOUDY

COCOA

COFFEE

COLD

CURL UP

DRIFTS

FIREPLACE

FLAKES

FLUFFY

FREEZING

FUN

GAMES

HEAT

ICE

LANDSCAPE

LODGE

MOUNTAINS

PLAYING

PUZZLES

READ

SHOVEL

SKATING

SKIING

SLED

SNOWBALL

SNOWMAN

SNOWSHOE

STORM

STUCK

TEA

WARM

WEATHER

WINDY

Solution on page 116

Revitalizing

AIR

BEACH

BREEZE

CALM

CLEAN

COFFEE

COLD

COOL

DEW

DIP

DRINK

ENLIVEN

EXERCISE

FRUIT

HAMMOCK

HUGS

HUMOR

ICE

INSPIRE

JOG

MILKSHAKE

MINTY

NAPPING

NATURE

NEW

OCEAN

PERFUME

POOL

REVIVE

SHOWER

SMILE

SMOOTHIE

SODA

SPLASH

STORM

SWEETS

SWIM

TEA

TRAVEL

VACATION

```
W K V J S W R G J C G O F F C L
E U V J K O G A Q I L C D K M B
H U G S M C U H X E W E N R I F
Q O D P S H Z R M M W A A Y L O
J Y W L C R E V I V E N V N K E
U R T A O W B N C R N G K O S I
X W E S O C T B U A L N K I H H
M B A H L Y W T P O I U C T A T
T S S U R E A P O R V R O A K O
F R U I T N I P D R E I M C E O
B D A M Q N S D T X N C M A E M
T R S V G T A X E S A U A V F S
B M E T E D B P P L G W H F F O
Q I F E O L X I M K I H U M O R
Z W W S Z R R D D E I M W I C E
L S K H C E M U F R E P S S F I
```

Solution on page 116

Ocean Piers

BEACHES

BENCH

CARNIVAL

COLUMNS

CRABBING

DAMP

DOCKS

DOLPHINS

FOOD

HARBOR

LANDMARK

LIGHTHOUSE

LOBSTER

MARINA

MONUMENT

MOOR

NETS

OCEAN MIST

PEOPLE

PILLARS

QUAY

ROPES

SALTWATER

SAND

SEAGULLS

SEAMEN

SEASHELLS

SEAWEED

SHARKS

SHIPS

SHORE

SUNSETS

SUPPORT

SURFING

TIDES

TOURISTS

WALKWAY

WARM BREEZE

WAVES

WHARF

```
S S E A G U L L S N M U L O C T
E L P O E P D L A V I N R A C N
A K I W D O L P H I N S T E N E
M E O G C E W A L K W A Y Z B M
E G I K H X P I L L A R S O E U
N L S S W T S X I T R G S R N N
S S A H Q H H T S I M N A E C O
T E U N O B A O Q D B I L T H M
S A M R D T E R U E R B T S W A
I W E O F M R A F S E B W B B R
R E Q B O I A O C O E A A O O I
U E U R S R N R P H Z R T L G N
O D A A H S F G K P E C E O P A
T O Y H I S T E S N U S R R M K
X O R O P E S H A R K S E V A W
Q F W S S A N D F P I Q W B D J
```

Solution on page 116

Personal Growth

AWARENESS

BELIEF

BOOK

COACHING

CONTROL

DEVELOPMENT

EVALUATION

EXERCISE

EXPLORING

FAMILY

FITNESS

FOCUS

GOALS

GROWTH

GUIDE

GURU

HYPNOSIS

INFLUENCE

INTERNAL

KNOWLEDGE

LEARNING

LESSONS

MARRIAGE

MOTIVATE

PATTERNS

PERSONAL

POWER

PRAYING

PROCESS

PROGRAM

PSYCHOLOGY

PURPOSE

RELATIONSHIPS

ROUTINE

SUCCESS

THOUGHTS

YOGA

```
P U R P O S E N I T U O R M N L
R P S Y C H O L O G Y L I M A F
O L P R A Y I N G S U C C E S S
G N I R O L P X E X E R C I S E
R S H N R E W O P R D V U L N G
A E S B F S S E N E R A W A R A
M Q N E O L U I V F I N G N E I
G W O L C B U E S A I U G O T R
M I I I U O L E G O I T G S T R
O N T E S O R O N D N U N R A A
T T A F P K Y P E C E P F E P M
I E L M Q S N O S S E L Y P S S
V R E V A L U A T I O N W H X S
A N R M G O A L S T H G U O H T
T A L O R T N O C O A C H I N G
E L E A R N I N G R O W T H X K
```

Solution on page 117

Spring Has Sprung

ANIMALS
APRIL
AUTUMN
BIRTH
BLOOMING
BLOSSOM
CLIMATE
COLORFUL
CROCUSES
DANDELIONS
EARTH
EASTER
EQUINOX
FALL
FLOWERS
GARDENING
GRASS
GREEN
GROWTH
HOT
KITE
LEAVES
LENT

MARCH
MAY DAY
MELT
NATURE
NEW LIFE
PLANTS
RAIN
RENEWAL
SEASON
SUMMER
TEMPERATURE

THAW
TRANSITION
TULIPS
WARMTH
WEATHER
WINTER

```
W N A I W F F L X O N I U Q E X
S T F A A E B E S J R C B F R B
N X O L U L A N R E T N I W U Q
D K L H O T W T C I N L M T T D
R X I S T W U G H L W L N I A R
E A S T E R E M N E I V I N R E
M O E Q E S A R N I R M D R E S
M A S L E A V E S M M E A S P S
U N U T R L U F R O L O C T M A
S I C Y T R A N S I T I O N E R
K M O A N E G C O E Z M E L T G
G A R D E N I N G R O W T H B V
T L C Y E E S W T U L I P S I P
O S V A R W W A H T M R A W R T
X C K M G A N O S A E S X T T D
X S T N A L P Y H N M A R C H M
```

Solution on page 117

Amazing Minds

```
M S I L A U D G J L O O H C S H
J T U O N O I T P E C R E P E X
X R K R N O I T O M E G N A H C
M A T T E R I K V N G H D H I W
K S E N P A C T I V I T Y H D O
J K H O N E H H A S N O R U E N
Z U C C G E C I M N O L I M A O
B L Y Q R F U N C T I O N A G S
R L S A T F P K O V T G D N I R
A E P T H E O R Y C A I A P S E
I Y A E X E L P M O C C C M C P
N R R S Z L L A N G U A G E I V
L O F P O I D Z M Y D U T S E A
L M L A T N E M H I E B E I N G
I E E T H G U O H T N W D U C P
W M S U J K U G D R E A M S E A
```

ACTIVITY

ANIMAL

ART

BEING

BRAIN

CHANGE

COMPLEX

CONCEPT

CONTROL

DREAMS

DUALISM

EDUCATION

EMOTION

ESP

FEELING

FUNCTION

HEAD

HUMAN

IDEA

IMAGINATION

LANGUAGE

LOGIC

MATTER

MEMORY

MENTAL

NEURONS

PERCEPTION

PERSON

PSYCHE

REASON

SCHOOL

SCIENCE

SELF

SKULL

STUDY

THEORY

THERAPY

THINK

THOUGHT

WILL

Solution on page 117

Listen to the Music

ANDANTE

BANJO

BEAT

BELLS

BIZET

BRAHMS

BUGLE

CHOPIN

CLEF

CONGAS

DUET

ENCORE

FIDDLE

GRIEG

GUITAR

HANDEL

HYMN

JAZZ

KAZOO

LISZT

LYRE

MAHLER

MARIMBA

MELODY

OBOE

OCTAVE

PIANO

PUCCINI

RHYTHM

RONDO

SAMBA

SCORE

SOUND

STRINGS

TIMBRE

TONE

TUBA

VOCAL

WHISTLE

ZITHER

```
Z K L A C O V J V A S M H A R B
G N G E G O O Z P U C C I N I Y
C B P R V Z O C A M E L D D I F
J R I B H A F J A B M I R A M W
M E A M D K T H N R P X A N S G
G M N I V B L C C A E W J T J Q
V Q O T W E Y Y O T B H R E L G
J A Z Z R L L N N I S I T F I J
E B L B K G O Z G U N S W I S N
N M E Z V U G R A G I T O L Z Q
O A K M B B G O S X P L H U T T
T S L L E B K N A I O E Y E N E
U Z X N I L E D N A H R R R Y D
B I E Z M O O O E N C O R E E U
A H E S B Y L D N O Q C L E F E
M T A O X M H T Y H R S S K S T
```

Solution on page 117

Cheerful Things

ANNIVERSARY

BALLOONS

BIRTH

CAKE

CANDY

CARDS

CELEBRATION

CHILDREN

CHRISTMAS

CLOWN

FUN

GAMES

GIFT

GRADUATION

HATS

HOLIDAYS

HUG

ICE CREAM

JOY

KIDS

LAUGHTER

LOVE

MUSIC

NEW BABY

NEW YEAR

PARKS

PETS

PLAYGROUND

PRESENTS

PUPPY

RAINBOW

REUNION

SINGING

SMILE

SONG

SUN

THANKSGIVING

TOYS

VACATION

WEDDING

```
L P I R A I N B O W E D D I N G
O U T H A N K S G I V I N G Z P
V P O C C E N H O L I D A Y S D
E P Y I X R C I D S C H T R I B
L Y S O Y D H R V T E U N N N P
I U D T J L R E U E C G E O G Y
M H R N A I I T G P R R W I I S
S V A W A H S H U A E S B T N K
O P C O B C T G D O A D A A G G
N R O L E F M U O V M I B R J E
G E U C I F A A X E V K Y B Y P
I S C G U T S L R A E Y W E N P
R E U N I O N K S N O O L L A B
D N U O R G Y A L P G A M E S V
O T N O I T A C A V E K A C U P
M S K R A P Z C I I Q U N G N X
```

Solution on page 117

Kite Flying

BEACH

BOWS

BREEZE

CLOUD

DELTA

DIVE

DOWELS

DRAFT

DRIFT

FIELD

FLOAT

FRAME

```
N U R B S H J D V Z J B B N G F
X O S D O R E M D S J N S E U C
P Y S L E W O D B N R A O S T Y
S E I E N Z S B I R I J U U A S
H N B A T L E D S L L W T T I C
Q Y O W E A T E P M G X V F L T
S T P D C V F R R L S Y H A I O
F X Z H D R I S I B L T N R N L
P O B W A R R D N C L O U D E T
E U Q M K I D S G D K G R N T N
Z F E N P U L L O P K S W A T L
N F A G P P A P E R O H O B B Y
V Y J N V H A L A I C L K C O G
Q K W E W G V P G T F N E F U N
N S V T N D V G I P O O W S U W
Z H J S B G Y P P T L U T S V M
```

FUN

GLIDE

GUST

HOBBY

KIDS

KNOT

LIFT

LINE

NOSE

PAPER

PARK

PITCH

POLES

PULL

RODS

ROLL

RUN

SAIL

SKY

SOAR

SPRING

STUNT

SUN

SWOOP

TAIL

TRICKS

WIND

YANK

Solution on page 117

Favorite TV Shows

```
C K D N S L R I G T A H T D E E
O C E W O T S E N Y T P M E I L
S O R O I S F W I N G S Q H S L
B L E R D E E W T N S D U C S E
Y T T B A I P O H A E E A T A N
P A S Y R T Y H G N I V N I L N
P M I H S Y C S I E N I T W H A
E I M P W L U Y L H F T U E A E
T A A R E I L C N T E I M B P S
S M J U N M E U O T L G L A P O
Y I O M D A V L O C D U E T Y R
B V R A L F O E M J H F A M D H
P I D F U L L H O U S E P A A C
E C A P S N I T S O L H E N Y A
T E D J T H E M U N S T E R S O
S T A R T R E K O M S N U G S C
```

ALF

BATMAN

BEWITCHED

CHEERS

COACH

COSBY

ELLEN

EMPTY NEST

FAMILY TIES

FULL HOUSE

GUNSMOKE

HAPPY DAYS

I LOVE LUCY

LASSIE

LIFE GOES ON

LOST IN SPACE

MAJOR DAD

MATLOCK

MIAMI VICE

MISTER ED

MOONLIGHTING

MURPHY BROWN

NEWSRADIO

QUANTUM LEAP

ROSEANNE

SEINFELD

STAR TREK

STEP BY STEP

THAT GIRL

THE FUGITIVE

THE LUCY SHOW

THE MUNSTERS

THE NANNY

WINGS

Solution on page 118

All Happy

ANIMATED

BRIGHT

CHIPPER

COMIC

CONTENT

ECSTATIC

ELATED

FAMILY

FRIENDS

FUN

GAMES

GLAD

HEALTHY

HOPE

HUG

JOKE

JOLLY

JOVIAL

JOYOUS

JUBILANT

KIDDING

KIND

LAUGH

LIGHT

LIVELY

LOVE

MERRY

NICE

OPTIMISM

PEPPY

PLAY

PLEASED

POSITIVE

PROUD

SMILE

SUNNY

THRILLED

TICKLED

UPBEAT

VIBRANT

```
Q R Y L I M A F L D U K T F M J
X N H X J J P X V R V D M R N Q
H C T P Y O C Z D U O R P N I B
Z U L M R V T E C S T A T I C R
C A A S R I T N A L I B U J E I
Y C E I E A P L E A S E D H U G
U B H M M L D O P T S U G N N H
P O S I T I V E N G N U N I I T
B Y N T P E P A L U A O D N U K
E A M P P P R R F L T D C M Y O
A Z O O Y B E Z F R I E N D S Y
T T H G I L E R P K C R J L U K
C D U V A L E R E O K O H G O S
Q H D T I G U V M O L J L T Y F
T S E M A G O I I L E A E K O J
O D S S Y L C U Y L D I Q V J Z
```

Solution on page 118

Day at the Park

AREA

BALL

BENCH

BIRDS

CITY

DEER

DIRT

DOG

EVENT

FAUNA

FIELD

FISHING

FLORA

FUN

GAMES

GRASS

GREEN

HABITAT

KIDS

LAKE

LAND

NATURE

NEIGHBORHOOD

PATH

PEOPLE

PETS

PICNIC

PLAY

POND

POOL

ROCKS

RUN

SIT

SLIDE

SUNSHINE

SWING

TRAIL

TREE

WALK

WATER

```
F H H E M A B H S Y N M K G T E
N P Q S E U A H D F P T O L R L
D U A U H F L O R A H D J U A Q
V Q E E T A L P I A O G T N I W
K K R M A Y K D B O X A D H L L
N L W Y P E N I H S N U S P A Z
T G H I V E T R D U S P G Z K X
R I N E B A O T F S O A G G E Q
Y A N I T B H P A O O A R Z T H
B T K Z H E W I L R M E L G I M
S F I G Y S C C G E E D I L S T
W I I C D A I A S N E A E E R B
B E N C H N L F T K I N M E B L
N L N U C U O P E W C W E A R S
R D X I R A Q P P X D O S L K K
I D P R E F W Y W A T E R G W F
```

Solution on page 118

Crosswords

ACROSS
ALPHABET
ANSWERS
BLACK SQUARES
BLANKS
BLOCKS
BOOKS
BOXES
CHALLENGING
CLUES
CRYPTIC
DAILY
DEFINITIONS
DIAGRAMLESS
DICTIONARY
DIFFICULT
DOWN
EASY
GAME
HARD
HINTS
HORIZONTAL
INTERSECT

KNOWLEDGE
LANGUAGE
LETTERS
MAGAZINE
NEW YORK TIMES
NEWSPAPERS
NUMBERS
PATTERN
PENCIL
PHRASES
PUZZLES

SOLUTION
SOLVING
SPELLING
SUNDAY

```
N P U Z Z L E S O L V I N G S D
R E A S Y A D N U S K C O L B R
E W S P E L L I N G A M E D L A
T K S E M I T K R O Y W E N A H
T C E S R E T N I S R E W S N A
A M T C H A L L E N G I N G K N
P N L A N G U A G E B O O K S U
E E B O X E S Q E N I Z A G A M
G W L E T T E R S T N I H A C B
D S E S A R H P I K Y Q E L R E
E P E N C I L N W N C L I P O R
L A T N O Z I R O H W A I H S S
W P D I F F I C U L T O L A S E
O E S S E L M A R G A I D B D U
N R C D I C T I O N A R Y E K L
K S O L U T I O N C R Y P T I C
```

Solution on page 118

Patio Living

BACKYARD

BENCH

BUGS

CANDLES

CANOPY

CHAIRS

CHIMES

DOOR

DRINKS

FAMILY

FLOWERS

FOOD

GARDEN

GAZEBO

GLIDER

GRILL

GUESTS

HOSE

INSECTS

LANTERN

LIGHTS

LOUNGE

MUSIC

```
E S M A E G N U O L L I R G B G
S S L U R E K C I W O O D M J W
W P O O S H L G U E S T S C F S
I L E H O I H B G R S G K F A U
N L A T Q T C K A E R A N J M N
G D C H S E S A M T E R I B I N
E T G G O E X I N C W D R A L Y
T U U B L B H E H D O E D C Y V
H R U P N C E A Y W L N I K W H
B G O P A A I Z L L F E N Y C A
S E D O O R M B A H J S S A X W
P T N F S T T O N G C Q E R Y L
T Y N C O H T I T R T C C D B N
I X K A H O U E E T S E T A L P
U R S G L I D E R S O S S I L X
Z M U E P P N G N Y P O N A C R
```

OTTOMAN

PARTIES

PEOPLE

PLANTS

PLATES

POTTERY

RUGS

SCREEN

SHADE

STEPS

STOOLS

SUNNY

SWING

TABLE

UMBRELLA

WICKER

WOOD

Solution on page 118

A Tasty Bowl of Soup

BARLEY

BEAN

BEEF

BORSCHT

BROTH

CANNED

CARROT

CHEDDAR

CHICKEN

CHUNKY

COMFORT

CRAB BISQUE

CUCUMBER

EGG DROP

FISH SOUP

GUMBO

HOT

LEEK

LENTIL

LIQUID

MENUDO

MINESTRONE

MISO

MULLIGATAWNY

MUSHROOM

NOODLE

PEA

POTATO

PUMPKIN

RICE

SEAFOOD

STEW

STOCK

THICK

TOMATO

TORTILLA

VEAL

VEGETABLE

WEDDING SOUP

WONTON

```
Y K N U H C R O L V P S N E A G
A N I W L N B Y S E A F O O D E
F E K S T E W E A G E O B M U G
Z C P O A K E L F E T C F M G G
A O M N S C L R B T R A Q U D D
M M U L L I G A T A W N Y S C R
K F P M T H M B B B E N I H U O
E O I R I C A B C L D E D R C P
E R O B A N I H I E D D W O U O
L T E R I S E Q O U I O K O M T
E T R L Q D U S F T N Z S M B A
N O Z U D I B H T T G H K E E T
T M E A D O R B O R S C H T R O
I A R C C Y O N Q I O D U N E M
L T K C I H T N F T U N O I S U
N O R B R R H W S V P V E A L W
```

Solution on page 118

Kind Folks

```
G S N Z X S H K G K C X D L A Y
E L I M S U O U T R I V Q W Q A
V E D H U S B A N D N E I R F T
C C Y S T N E R A P D O N O R N
X M O R A P O L I C E X Q A A A
P R B A E T J O F S P G I M T S
A O T R C T N F E L T N E G E L
V T S O O H S F S S E R T I A W
L N D I P T J I N R I S G P C E
A E J H T G H C S F U R N O H L
U M H E W I F E O O E E O F E C
G N T L J F V R R E P K S T R N
H A P P Y T R E T S I N I M E U
B N S F N S N E I G H B O R V N
X N S U O E T R U O C A R E O L
X Y A L G N I V I G C Z U W L R
```

AUNT

BROTHER

CARE

COACH

COOK

COURTEOUS

DOCTOR

DONOR

FIREMAN

FRIEND

GENEROUS

GENTLE

GIFTS

GIVING

GREET

HAPPY

HELPFUL

HUSBAND

LAUGH

LOVE

MENTOR

MINISTER

NANNY

NEIGHBOR

NUN

OFFICER

PARENTS

PEN PAL

POLICE

POSITIVE

SANTA

SELFLESS

SISTER

SMILE

TEACHER

TRAINER

UNCLE

VIRTUOUS

WAITRESS

WIFE

Solution on page 119

Horses

ANIMAL

ARABIAN

BARN

BIT

BREEDING

BROWN

COAT

COLT

DRAFT

FARM

FEED

FILLY

FOAL

GRASS

HAIR

HOOVES

JOCKEY

JUMP

LEGS

MAMMAL

MANE

MARE

OATS

PALOMINO

PASTURE

PLOW

POLO

PONIES

POWER

RANCH

REIN

RIDING

RODEO

SHOW

TAIL

TROT

VET

WAGON

WHINNY

WILD

```
P X N U A K Q J I E H Y I D E Z
I P A M K J J H G B O U K M V D
P U W O H S U V E S R R E W O P
P B D N T Y S M M T A O C H N K
D Q V A A F S R P V C S W I O D
T N O Q V L A M M A M B A N G W
W I L D N F R R E L S U X N A O
J E J Y L E G S D X H T I Y W L
Y R R H N D C A X D A D U F E P
C L I A T E O L N A I B A R A Z
N H M M M E L L Y R R D Y L E F
D C O C D F T A S E I N O P B K
T N J O C K E Y O L A M I N A T
Z A R G V T K E D F I L L Y R I
F R I B R E E D I N G L L O N B
Y Q H L M C S V O L O P T B Y R
```

Solution on page 119

Hypnosis

ALTERED STATE

AWARENESS

BRAIN

CHANGE

CONCENTRATION

CONDITION

DOCTOR

DREAMS

EYES

FOCUS

HYPNOTHERAPY

INDUCTION

MAGIC

MEDITATION

MEMORY

MENTAL STATE

MIND CONTROL

PATIENT

PERFORMANCE

PROCEDURE

PSYCHIATRIST

PSYCHOLOGY

QUIT SMOKING

REGRESSION

RELAXATION

SCIENCE

SIGMUND FREUD

SUBCONSCIOUS

SUBLIMINAL

WEIGHT LOSS

```
N D L O R T N O C D N I M U O A
O R B V Q U I T S M O K I N G W
I E R O T C O D U N I P E O N A
T A A E H Z N U O O T T R I O R
C M I M Y P O E I I A S U T I E
U S N E P E I R C T R I D A T N
D U W N N R S F S A T R E T I E
N B E T O F S D N X N T C I D S
I L I A T O E N O A E A O D N S
S I G L H R R U C L C I R E O T
C M H S E M G M B E N H P M C N
I I T T R A E G U R O C F E I E
E N L A A N R I S R C Y O M G I
N A O T P C H S D B G S C O A T
C L S E Y E G N A H C P U R M A
E P S Y C H O L O G Y C S Y P P
```

Solution on page 119

Chocolate

BAR
BITTER
BUNNY
CAKE
CANDY
CHERRY
CHIP
COATED
COCOA
CONFECTION
COOKIE
DARK
DIPPED
EASTER
FILLING
FLAVOR
FONDUE
FOUNTAIN
FROSTING
FUDGE
GOURMET
HOT
ICE CREAM

ICING
MELT
MILK
MOCHA
MOUSSE
NOUGAT
NUTS
PIE
POWDER
SAUCE
SHAKE

SMOOTH
SUGAR
SUNDAE
SWEET
TREAT
WHITE

```
K W T N G G W P E T I H W U D M
P M M Z K J W L A R V C B L I D
F S B E Z S M E D X U H B L P T
S A U L L W R G N I C I K Y Z E
A U N R T T A G U O N P R G F M
H C N Y A H T O O M S R A U R R
C E Y D V B N K D Y E I D D O U
O Y D N A C I I N H D G C E S O
M O U S S E P T C I E A K T T G
X T T E R P S V T E A A X A I N
K U O S E C O N F E C T I O N I
N H H D T U L Y C O R R N C G L
E K A H S V D U O P A A E U A L
B R O V A L F N C Z S P G A O I
P O W D E R X A O E P I A U M F
Q J Q G W A F W A F T E E W S W
```

Solution on page 119

Warm Sweaters

ACRYLIC

ANGORA

AUTUMN

CABLE

COLD

COZY

CROCHET

FALL

FASHION

FUZZY

GARMENT

GIFT

HEAVY

HOODIES

JERSEY

JUMPER

KNIT

LIGHT

MERINO

MESH

MOHAIR

PATTERN

POCKET

PONCHO

PRINTS

RAGLAN

RIBBED

SHRUG

SOFT

STITCH

STRIPES

STYLE

TOP

TUNIC

VEST

WARM

WEAVE

WINTER

WOOL

YARN

```
F Y Z Z U F S T T M G H K S W A
H L E M L O O W D E B B I R F S
D Q L S E P F Y A R N N R E T I
E A B H R S T H G I L H E I X E
L B A R U E H Z M N O S T Y L E
W A C U I P J D L O C C N Y A E
D X I G I I D X D E H G I F T E
E Y L F X R L I S K I A W N N R
U V Y G A T E V M A Z H I A U A
S A R A Y S U O J U M P E R R T
T N C R O C H E T T A O V A M M
N G A M U H O I N U Z C A G V L
I O H E T B C Z O M V K E L L Y
R R U N S I B N Y N N E W A I K
P A T T E R N P O Y U T F N V J
P G F I V P H K T P E X U F E O
```

Solution on page 119

Nurturing People

```
R E D N E T D I S C U S S D H L
T C E T O R P A S T O R Y N Y O
C E O F O N D R O T N E M V N V
L V E M P A T H E T I C P N N I
O I N S P I R A T I O N A L A N
S T A L K A H U P L I F T I N G
E C E R A C S S D Y R E H T A F
L U F D N I M S N D E V E L O P
T R A F F E C T I O N A T E D U
N T N E R A P I K O I G I U E A
E S L R E T S O F E N T C N V M
G N F L I S T E N E E A A C O D
A O C O M F O R T I N G T L T N
U C D I S C I P L I N E Q E E A
N W A R M C R E H T O M B O D R
T E A C H T W O R G U I D I N G
```

AFFECTIONATE

AUNT

BENEFICIAL

CARE

CLOSE

COMFORTING

COMPASSIONATE

CONSTRUCTIVE

DEVELOP

DEVOTED

DISCIPLINE

DISCUSS

EMPATHETIC   LISTEN   TALK

ENRICH   LOVING   TEACH

FATHER   MENTOR   TENDER

FOND   MINDFUL   UNCLE

FOSTER   MOTHER   UPLIFTING

GENTLE   NANNY   WARM

GRANDMA   PARENT

GROWTH   PASTOR

GUIDING   PROTECT

INSPIRATIONAL   RELATIONSHIP

KIND   SYMPATHETIC

Solution on page 119

Let's Party

ACTIVITIES

ANNIVERSARY

BACHELORETTE

BEACH

BEER

BUFFET

CARDS

CHILDREN

COLLEGE

COSTUME

COUPLES

CROWD

DANCING

DINNER

DRINKS

EVENT

FAMILY

FOOD

FUNDRAISER

GAMES

GATHERING

GIFTS

GOODY BAGS

```
S K D Q X Q A Q K K S V O E I P
R E V O P E E L S Y D R I N K S
A C T I V I T I E S S E M A G P
E H F T P R E S E N T S P Y O C
C O L L E G E F M S S I R O R K
H S K S D R A C O E T A L O D P
D C K N E Y O H C O S R W I I N
E U A E D U S L L R D D N C B Y
M L B E G A T H E R I N G U L X
E E P W B K F V W H E U F I E G
H M U O M X I W X R C F M S K N
T U O L E N G D Z B E A I P S I
N T R L N P X P S T F O B U T D
E S G A B Y D O O G N I C N A D
V O C H I L D R E N Z X P C H E
E C O U P L E S T S E U G H J W
```

GROUP

GUESTS

HALLOWEEN

HATS

HOST

KEG

KIDS

LATE

NOISE

PEOPLE

POOL

PRESENTS

PUNCH

SLEEPOVER

THEMED

WEDDING

WELCOME

Solution on page 120

Mindfulness

ACCEPT

ACTIONS

ALERT

ATTENTION

AWARE

BENEFITS

BRAIN

BREATH

BUDDHIST

COGNITIVE

CONDITIONS

CUSHION

EMOTIONS

EXERCISE

EXTERNAL

FEELINGS

FOCUS

HEALTH

IDENTITY

INSPECTION

INTERNAL

ISSUES

MBSR

MENTAL

METHOD

MIND

NEURAL

OBSERVE

PERIODS

POPULAR

PRACTICE

PRESENT

PSYCHIATRY

SATI

SCIENTIFIC

SELF

SITTING

TASTING

THERAPY

THOUGHTS

```
R I R G N I T T I S D O I R E P
A N B C M S N N E U R A L L V E
L S R Y E T S T I F E N E B R X
U P E T N H C R T P E C C A E T
P E A I T G I E A Y Y S W E S E
O C T T A U E L S R A A H S B R
P T H N L O N A T T E N T I O N
A I D E V H T A I B V S L C L A
C O N D I T I O N S I B A R A L
T N I I F H F O G H T R E E N D
I N M L C I I G D R I A H X R L
O O E Y S H C D S G N I L E E F
N S S S S S U C O F G N G T T R
S P U U E B X Y E M O T I O N S
T E C Z E R E C I T C A R P I B
S T H E R A P Y D O H T E M N M
```

Solution on page 120

Sail Away

AFT

BOW

BREEZE

CLOTH

CREW

DECK

DRAG

FLOAT

FUN

GLIDE

HOIST

HULL

JIB

KEEL

LAKE

MAST

NAUTICAL

NAVY

OCEAN

PIRATE

POWER

RACE

RIG

```
E B D E D U S Y I O Z Q G R F X
I K D Z P Y E O T K T B S A P B
P T P E Z O A G E F N T G V X Z
Z P N E U P O C E W P C I I N X
I Y T R T V I L H K I E P O R T
D W H B J H P H S T O K N B O W
N F G C T U V A S Q U A R E T N
I U M F W L I B K R U C A S O U
W N A X G L I D E T A R I P R B
Q A S L S J Z D I P A O K C E D
N V T E S O D C O W H O L N Y U
W Y K E D U A W A O M O L U K S
E A C K R L E V A R T W C F P B
L A S A A R E N O H G R E E T S
R W O A G I P T K F V Z E R A R
Q E L A U M S C U F C D C E C N
```

ROPE

ROTOR

RUDDER

SAILS

SEA

SHEET

SHIP

SLOOP

SPEED

SQUARE

STEER

STORM

TRAVEL

WATER

WAVE

WIND

YACHT

Solution on page 120

Family Time

BABY

BAKING

BEDTIME

BIRTH

CAMPING

COOKING

COOPERATION

COUSINS

DIAPERS

DINNER

EVERYDAY

FATHER

FISHING

GAMES

GATHERING

GENERATIONS

HAPPINESS

HOME

HUGS

IDENTITY

JOY

KIDS

LAUGH

LOVE

MEALS

MOTHER

NATURE

NURTURE

PARENTS

PLAY

PRIDE

PROTECTIVENESS

QUALITY

RELAX

REST

SCHOOL

STORIES

SUPPORTIVE

UNCONDITIONAL

UNITY

```
U H R E H T A F E D I R P L A Y
H M E A L S T O R I E S A O P W
U V N A T U R E M O T H E R L S
G W N L A N O I T I D N O C N U
S N I S U O C E E M I T D E B P
K I D S N O I T A R E P O O C P
I G G L O O H C S C H T R I B O
L R N K S N O I T A R E N E G R
A G I I U I D I A P E R S G I T
U N H Q R D V T S E R E L A X I
G I S S S E N I P P A H C M P V
H K I H N N H M Y A D Y R E V E
O A F E W T S T N E R A P S D J
M B S W E I Q U A L I T Y B A B
E S N U R T U R E G N I P M A C
T U N I T Y L O V E J O Y M C M
```

Solution on page 120

Crafting

ART

BASKET

BEADS

CERAMICS

CLOTHES

CRAYON

CREATE

CROCHET

CROSS-STITCH

CUT

DECORATIONS

DESIGN

DRAW

FABRIC

FAIRS

FELT

FOAM

FUN

GLASS

GLITTER

GLUE

JEWELRY

KITS

```
F A F Q J B T M A K E T A E R C
C Z H X U H E F A J E W E L R Y
K U J V Z N U F M K S L C E T M
K I T S K I L L S E N R T Z A W
Z R L Y U R G A H S O T W I P E
O F M O I B B T S C I M A R E C
C A G O L T O K H L T H R E A D
Y B F S D L Z E G Y A Z D U A L
L R S K C E T U J C R A Y O N A
O I L C B S L V Q N O Q U I L T
H C T I T S S S O R C E D A R T
T H S U C P E B Y R E T T O P T
W R D R A N B W K I D E S I G N
O I A P I I E L I N M A O F E I
O X E A R A H P T N E L A T G A
D R B T L E F R R L G L A S S P
```

MAKE

METAL

MODELS

PAINT

PAPER

PENCIL

POTTERY

QUILT

RIBBON

SEWING

SKILLS

STUDIO

TALENT

TAPE

THREAD

TRADE

WOOD

Solution on page 120

Go to a Baseball Game

BAT

CATCH

CHEER

COACH

COTTON CANDY

DIAMOND

DIRT

DUGOUT

FANS

FRANKS

GAME

GLOVES

GRANDSTAND

HELMET

HOME RUN

INFIELD

INNING

MOUND

MUSIC

ORGAN

PARKING

PEANUTS

PLATE

POINTS

POPCORN

PRETZELS

REFRESHMENTS

SAFE

SCORE

SEATS

SNACKS

SOCCER

SODA

SPECTATORS

STADIUM

STRIKE

TEAM

TICKETS

UMPIRE

UNIFORM

```
H W V X I R E C C O S N A C K S
C C M O U N D Z L A T R E E H C
A P A H H R N N Y U R O M R E D
O E M A G E S I D D I C R O L V
C A T C H F R E N T K P O C M J
I N E O Y R O A A G E O F S E N
S U A R Z E T B C T T P I M T N
U T M G B S A D N E S A N D I E
M S A A D H T H O M E R U N C M
H O L N K M C S T E X K F O K G
S K A E Y E E S T T S I D M E J
W R D D Z N P K O A E N U A T C
G P O I N T S N C L D G G I S D
G L O V E S E A D P X I O D I K
A D O S A F E R I P M U U R O D
G J P Q S N A F P H A G T M Y H
```

Solution on page 120

Very Funny

ACTORS

ANIMALS

ANTIC

BABIES

BOOKS

CAPER

CLOWNS

COMICS

EARS

FACES

FARCE

FEET

GAG

HORNS

IMPROV

IRONY

JEST

JOKES

KIDS

LAUGH

MASKS

MOVIE

NOSES

```
A V P F V T D C P N W M Z P Q C
N Y P D Z I I M K J S B M W S H
H R E B D W D H U C Y N V R E Y
H O B L G A G E O S I S U S H X
S T B T P U V G O T H R E P A C
S S W E A O H B C S C C T K T G
M Z C L Y F E O M A I Y S M O S
C T E E F I M P R O V E N D O J
D Z V V N I W Y V R I X W T I F
S A Z I C E S M A B G J O P A K
I N N S R O T C A L E H L R R R
Q R R I M W E B N S P C C A O D
U S O O M G P O T O K E X N E K
O K V N H A A O I K S S C K W V
T I E S Y G L K C L M E A R S U
E T E F A C E S H O W W S O U H
```

PEOPLE

PETS

PHOTOS

PLAY

PRANK

PUNS

QUOTE

ROASTS

SCENE

SHOW

SKIT

STORY

TELEVISION

TRICK

VIDEOS

VOICES

WIT

Solution on page 121

Enriching Puzzles

```
Y C N P X B Q A I V I R T G M L
D S X Y F I N I S H U I D U A J
S S E H C A Y R E B M U N K Z I
O G E C G K S E Y R T E M O E G
L L N R E Y C K S A U T N D J S
V B A I U I L I G I E T E U G A
E M M B K G P B R N C L C S F W
M E G B H C I X M T I R D I T Z
A L I A I S O F G E C Y E D P O
R B N G D B I L D A S I R X I G
G O E E D E S F R S M S G T E R
O R T R E D L I W E B E A A I W
T P M E N T A L H R T M W S M O
C O N S T R U C T I O N A H I R
I K N I H T A M S E Z Z I U Q D
P E N C I L A U S I V L O G I C
```

ANAGRAM

BEWILDER

BOX

BRAINTEASER

CHESS

CONSTRUCTION

CRIBBAGE

DISASSEMBLY

ENIGMA

EXERCISE

FIGURE

FINISH

FUN

GAME

GEOMETRY

HANOI

HIDDEN

INTERLOCKING

JIGSAW

LOGIC

MAGIC TRICK

MATH

MAZE

MENTAL

NUMBER

PENCIL

PICTOGRAM

PICTURE

PIECES

PROBLEM

QUIZZES

RIDDLE

SOLVE

SUDOKU

TEST

THINK

TRIVIA

TRYING

VISUAL

WORD

Solution on page 121

Comfortable

BATH

BED

BLANKET

CAR

COUCH

COZY

CUDDLING

DRESS

FAMILY

FEELING

FIRE

FLEECE

HAT

HOME

HOT TUB

HOUSE

HUG

JACUZZI

JEANS

LYING DOWN

MASSAGE

MATTRESS

PAJAMAS

```
B S P A J A M A S I T T I N G L
W E L W H H I M D R E S S Y Q S
B O D Y H T A Y F T E K N A L B
A H M H I S M L S K M P Y R U V
F S J T S N E R J U P H P T O C
O N N A R E G H A R E S T I N G
S A G B C G O D M W E O J H L D
O E L E E U F X O C H K R C M S
C J R M S H Z L O W G E C U W S
K K O E U T L Z R N N L T O R E
S H I R T I F R I I I G R C R R
I Q R A P A J L L N L G R H T T
Y U Z F M S E C A L D U L A R T
P U T I I E E W P N D N E T C A
E Q L V F R M E S G U S E I I M
P Y O Y I V E U T V C O Z Y S V
```

PILLOW

RECLINER

RESTING

ROCKER

ROOM

SEAT

SHIRT

SHOES

SITTING

SLIPPERS

SNUGGLE

SOCKS

SOFA

SPA

SWEATER

TEES

WARMTH

Solution on page 121

Idyllic Getaway

```
H S C I S U M D L U F Y O J E J
X K A S N P Y K N H S A M T C I
M M I E M A Z N C A L M Z O A Y
U L P D W L O L T R S Q N U E L
B P O A E Y A N D M E T U R P E
H Z T Q C A A P V O E S N I S W
E E U L P F L A M N R U C S E O
G W A R M D T J T I F O O T V T
W H S V R C N M W C E E C A A G
Y E N A E E E F I I R G E A W N
K Z O F C N L L L M A R A S E I
W E R K T O L A C O C O N U T S
H E K Y V V Y V Y X Z W G N N O A
P R E E D W E E H C A E B L M E
M B L I S L A N D F D O R N E L
T Y C Z R S V S K E P I H S R P
```

BEACH

BLISS

BREEZE

CALM

CAREFREE

COCONUTS

CONTENTMENT

COVE

EDEN

FANTASY

FLOWERS

GETAWAY

GORGEOUS

HALCYON

HARMONIC

HEAVENLY

IDEAL

IDYLLIC

ISLAND

JOYFUL

LOVELY

MUSIC

OCEAN

PALMS

PEACE

PERFECT

PLEASING

QUIET

RELAX

REMOTE

SAND

SEA

SHIP

SNORKEL

SUN

TOURIST

TOWEL

UTOPIA

WARM

WAVES

Solution on page 121

Dreaming

ANALYSIS

AWAKEN

BEDROOM

BRAIN

COLOR

DARK

DAYDREAM

DEEP

DESIRES

EMOTIONS

EVENTS

FALLING

FANTASY

FEAR

FEELINGS

FLYING

FREUD

JOURNAL

JUNG

LUCID

MEANING

MEMORY

MENTAL

```
D I W D A Y D R E A M N C G N D
Z B E T N F P M E A N I N G A A
B E D H A E S F A N T A S Y K R
P S I E L A Y L A E R R U S E K
R S C M Y R C V H E B B S C D S
Q E U I S G H P M R F D A G N E
S R L N I I O S O J N L N O F R
Z T W D S R L L G U L I I E A I
L S O B P E O O O E R T E L L S
F R L R E C G S B R O L E A L E
L M L P Y D Y N U M I D V N I D
Y T I L A E R C E N Y E E R N U
I M P W Y L E O G K K S N U G E
N M E M O R Y S O Z A K T O N R
G N O I S I V X J M I W S J U F
W A K I N G H D M E N T A L J F
```

NAKED

ONEIROLOGY

PILLOW

PROPHETIC

PSYCHOLOGY

REALITY

RECALL

RECURRING

REM SLEEP

SOUNDS

STORY

STRESS

SURREAL

SYMBOLISM

THE MIND

VISION

WAKING

Solution on page 121

Hobbies

```
H A M R A D I O F X C W E S B W
H I F N J E W E L R Y T F A R C
C I S U M E T A E R C O O K I Y
M A K G N I T C E L L O C H D Z
K G O E N T E R T A I N I N G Y
L O O Q T I N K I G N I D A E R
L Y B U N Y H P A R G O T O H P
A S N E I O S T A M P S S E H C
B T O S O J W X G N I P M A C P
T E I T P N G Y M N A S T I C S
N P S R E E Q W G N I K A B T L
I D R I L E V A R T N X D O E E
A A E A D I S T R A C T I O N D
P N V N E G N I K A M Y L F N O
S C I T E L H T A S E M A G I M
K E D G N I K R O W D O O W S A
```

ART
ATHLETICS
BAKING
BOOKS
BRIDGE
CAMPING
CHESS
COLLECTING
COOK
CRAFT
CREATE
CYCLING
DANCE
DISTRACTION
DIVERSION
ENJOY
ENTERTAINING
EQUESTRIAN
FIXING THINGS
FLY MAKING
FUN
GAMES
GYMNASTICS

HAM RADIO
HIKE
JEWELRY
KNIT
MODELS
MUSIC
NEEDLEPOINT
PAINTBALL
PETS
PHOTOGRAPHY
READING

SEW
STAMPS
TENNIS
TRAVEL
WOODWORKING
YOGA

Solution on page 121

Trip to the Zoo

AFRICA

APES

AVIARY

BARS

BIRDS

BRONX

CAGES

CAMEL

CAPTIVITY

CHEETAH

COLLECTION

EDUCATION

FAMILY

FISH

FOOD

FUN

GORILLAS

LIONS

MAMMALS

MONKEYS

PANDA

PARK

PENGUINS

PETTING

REPTILES

RIDES

SEALS

SHOWS

SNAKES

STUDY

TIGERS

TREES

URBAN

VETERINARIANS

WALKING

WATER

WILD

ZEBRAS

ZOOKEEPERS

ZOOLOGY

```
U R B S N P N A B R U Z Y O F B
K F M A M M A L S N A K E S X A
G S N A I R A N I R E T E V T R
I X N O R B I Z D C W Y D U T S
L S A D I U O O V A S L U S W J
A R Q F G T L O L G A H C A R V
O P P N B W C K T E L A A R E Y
F K E H H C I E R S L T T B T D
A P T S X N A E L S I E I E A S
M C T I G Q P P Y L R E O Z W E
I B I F G T Y E T D O H N O I E
L I N R I E K R C I G C H O L R
Y R G L F N R S A R V S W L D T
B D E U O A X S M I R I F O O D
N S N M Y R I D E S V N T G X M
S L A E S N O I L K R A P Y C O
```

Solution on page 122

The Life of Leisure

BOAT
CRAFTS
CYCLING
DANCE
DATE
DRAWING
EAT
ENJOY
FAMILY
FRIENDS
GAME
GOLF
HAPPY
HIKING
HOBBY
IDLE
LOAF
LOUNGE
MOVIES
MUSIC
PAUSE
PHONE
PLAY

PUZZLES
QUIET
RELAX
REST
SERENE
SEWING
SHOP
SLEEP
SPORTS
SWIM
TENNIS

TRAVEL
VACATION
VEGETATE
VIDEOS
VISIT
WALK

```
S Y Y A A V J S E E L D I X F C
H B E K L A W V V M W C A A Z Q
S B L B E I Q F U S V L M T A J
B O R W M D U S D N E I R F E U
M H U V A V I E R R L L N Y S E
A S A N G C E R A Y Y R Z L M S
C O C P V L T E W G P O E Z S U
M E F I P C V N I N Z E J P U A
H D S A A Y R E N I P H O N E P
T I G C O C P D G W T R A V E L
T V K X K L I B H E T G E C M Y
A G Z I A I Y G H S T N R O Q D
O O P Y N N O I T A C A V T J X
B L O U N G E V I F F I T S Q Y
Y F H J S I N N E T E B A E Y U
E C S T P J T G S S G C E R T K
```

Solution on page 122

Scrapbooking

ADHESIVE

ALBUM

ART

BABY

BINDER

BOOK

BORDERS

BRADS

COLOR

CRAFT

CROP

CUT

DESIGN

EVENTS

FAMILY

FRIENDS

FUN

GLITTER

GLUE

HISTORY

HOBBY

INDUSTRY

JOURNAL

KEEPSAKE

LAYOUTS

LETTERS

MEMENTOS

MEMORY

PAGE

PAPER

PAST

PHOTO

PUNCHES

RECORD

RIBBON

SHAPES

SOCIAL

STAMPS

STENCILS

WRITING

```
S T A W S H Y B A B B B R A D D T
P E H I O R S V I O T O H P F J
M M H B Z D E N X C F L O A Z M
A S B C D C D T M I Y O R K B U
T Y T O N E K S T E N C I L S B
S L A N R U O J R E M C U T H L
D I U F E D P R F N L E U Y I A
A M F D C V E E W W K O N W S I
R A G E J T E R V A Y S I T T C
B F K S T U I B S A D N K P O O
T W X I L T G P L N D R A O R S
S L L G I P E F E U K P O R Y O
A G I N W E V I S E H D A C T F
P A G E K W R T N A S H A P E S
A O Z N U F R I B B O N N E E R
R R D C Y Y R O M E M G G B M R
```

Solution on page 122

So Silly!

BABIES

BOOK

COMIC

FACE

FOOL

FUNNY

GAGS

GAMES

HOAXES

HUMOR

IDEA

JESTER

JOKE

KAZOO

KIDS

LAUGH

MADCAP

MASKS

MIMES

NUTTY

PARTY

PEOPLE

POEM

PRANK

PUNS

PUTTY

RHYME

RIDDLES

RIDICULOUS

SIMPLETON

SKITS

SONG

SOUNDS

STORY

TOYS

TRICK

VOICE

WACKY

WALK

WIGS

```
H Q F W W U N Z R S S F J J G R
S D U D J U G N O S G W X N H J
D J N O T E L P M I S A E Y D V
I X N T O K S H U O U E M C M P
K X Y K Q Z G S H B O E X E R S
A C L U Y P A B P J L N O A S L
P W I T K L G K A A U P N V O B
Y Y T R A P S N R B C K S O U H
H U K V T S E S S I I D F R N R
P J C C O C Y O M T D E A C D E
U K T W A I M O P I I D S M S B
N E V F A W C M T L R K L A S E
S H M Y Z L L E A R E T S E J A
G K Y M D H K U B S Z I M D S D
I N S G Y O G B O O K I T I B I
W B V Z J H I G Z K M S T O R Y
```

Solution on page 122

Psychotherapy

ANALYSIS

AUSTRIAN

BEHAVIOR

BRAIN

COUCH

DOCTOR

DREAMS

EMOTIONS

FEELINGS

GUILT

HELP

HOSPITAL

HUMAN

IDEAS

ILLNESS

INTERPRETATION

INVESTIGATION

JUNG

MEDICAL

MEMORIES

MENTAL HEALTH

MIND

NEUROLOGIST

OFFICE

PERSONALITY

PROBLEMS

RESEARCH

SCIENCE

SIGMUND FREUD

STUDY

SUPEREGO

THEORIES

TRANSFERENCE

TREATMENT

UNCONSCIOUS

```
R S I G M U N D F R E U D C N E
O U N C X I E G P R O B L E M S
T O T B T D C N L Y S T U D Y U
C I E H R E N U E T W R S N E P
O C R T E A E J H I O A M I M E
D S P L A S I S Y L A N A M O R
F N R A T T C N O A A S E B T E
E O E E M Z S G J N C F R E I G
E C T H E C I F F O K E D H O O
L N A L N S V A U S T R I A N S
I U T A T T H E O R I E S V S S
N O I T A G I T S E V N I I B E
G F O N G U I L T P H C U O C N
S N N E O M E M O R I E S R X L
F N A M U H H O S P I T A L S L
L A C I D E M H C R A E S E R I
```

Solution on page 122

Hot Tub

```
L S E T J Z G L S M R E T L I F
G W N N J D A I O U C O V E R J
B U J O S P Z G A S M E D I P R
M E R T G Z E H K C U M E S L O
T A E H U T B T W L C N E M A O
P A L C S O O T H E D A A R S D
M E A B U B B L E S T I M A T T
U J X G P R E S S U R E A W I U
P F E E N I R O L H C P S U C O
L V U C W O V E N C L O S E D I
O B I N D O O R N U S M A L Y F
O I T A P H H V M T I P G E I H
P T E M A O F B R W S U E W L N
O A O O T V I E S U C T I O N T
K N I R D N S G F P A R E T A W
D U W Y G S S H E B A U X Q X U
```

BUBBLES

CHLORINE

COVER

CURRENTS

DRINK

ENCLOSED

FILTER

FOAM

FRIENDS

FUN

GAZEBO

HEAT

HOT

INDOOR

JACUZZI

JET

LIGHT

MASSAGE

MUSCLES

OUTDOOR

PATIO

PLASTIC

PLUMBING

POOL

PRESSURE

PUMP

RELAX

ROMANCE

SEAT

SOAK

SOOTHE

SPA

STEAM

STRESS

SUCTION

SUMMER

SWIMSUIT

TOWEL

WARM

WATER

Solution on page 122

Go for a Drive

AFTERNOON
AIMLESS
AMBLING
ASPHALT
BYWAY
CAR
COUNTRY
COUPLE
EASY
ENJOY
EXPLORING
FARMS
GAS
GRASS
HILLS
JOURNEY
LEISURE
MILES
MORNING
MUSIC
OUTING
PICNIC
RELAX

ROAD
SCENIC
SEAT
SEDAN
SIGNS
SINGING
SLOW
STOPS
TRAVEL
TREES

TRIP
TRUCKS
VALLEYS
VIEW
WHEREVER
WHIM
WINDOWS

```
Y S E Z Y C T W E B H G S M C Q
S E E R T R A V E L T N D U I G
A N W A K Q O F S L A I A S N D
E I A P T O W W A S P T O I C S
W B M D K U O H S R B U R C I P
U E Y K E D P E I V M O O N P O
L Q D W N S L R I M L S Y C G T
F V O I A M G E R P O G R A S S
O L W N I Y W V X Z G R T T E E
S Y P A A F T E R N O O N R S L
G N T M Y E N R U O J B U I I I
H A R B O V A L L E Y S O P N M
A F U L J Z Z S L L I H C Y G G
Q O C I N E C S G E X S N G I S
Z A K N E M X A L E R A E F N U
R V S G B T S J T B M C J Y G Z
```

Solution on page 123

Love to Sew

ALTERATION

BACKSTITCHING

BASTING

BINDING

BOBBIN

BODICE

BOLT

BONDING

CANDLEWICK

CONTOUR

CREWELWORK

CROSS-STITCH

CUTWORK

EMBOSSING

EMBROIDERY

FABRIC

GATHER

GAUGE

GRAIN

HEMSTITCHING

INTERFACING

INTERLINING

MEND

MITER

NAP

NEEDLEPOINT

NOTIONS

PATTERN

PILL

PRESHRINKING

SEAM ALLOWANCE

SEERSUCKER

SERGE

TERRY CLOTH

TOPSTITCH

```
E G U A G N I T S A B K G G Q C
G N I D N I B B O B O G N U T U
N T G N I C A F R E T N I K C T
I T E E N I A R G J O I H E R W
D E T M I R X P N T K K C N E O
N R O B L B O D I C E N T E K R
O R P R R A T O S L A I I E C K
B Y S O E F N L S W L R T D U C
H C T I T S S S O R C H S L S I
C L I D N E M L B B R S M E R W
O O T E I J L P M N S E E P E E
N T C R G A T H E R A R H O E L
T H H Y M N R E T T A P P I S D
O O B A C K S T I T C H I N G N
U R E T I M N O I T A R E T L A
R S E R G E K R O W L E W E R C
```

Solution on page 123

Good Times

BASEBALL

BASKETBALL

BEACH

BINGO

BUNGEE JUMPING

CANDY

CARNIVAL

CARTOONS

CONCERTS

DANCE

DATES

DISNEYLAND

DOGS

FOOTBALL

GAME

JOKES

LAUGHTER

MUSIC

PAINTING

PARK

PETS

PLAY

POOL

```
G N I G N I S E N O I T A C A V
N S A E N Z B B I N G O B A X G
I U B M E I U T C O N C E R T S
T R L A V I N R A C I Z A T P F
A F S G S R G N D G T O C O O O
K I P N K K E Y U V N O H O O O
S N I I Y D E S A R I W Y N L T
S G R D D N J T L L A B E S A B
W K T D I A U E B T P S D E U A
I C J E V L M P C A G K A D G L
M I O L I Y P H R O L M N I H L
M S K S N E I K D T D L C R T Q
I U E O G N N O I S I V E L E T
N M S T G S G N I P P O H S R D
G D Q T A I R E A D I N G S R Y
N L V T Y D N A C K B Z L U W A
```

READING

RIDES

RUNNING

SHOPPING

SINGING

SKATING

SKYDIVING

SLEDDING

SURFING

SWIMMING

TAG

TELEVISION

TOYS

TRIPS

VACATION

WATCHING TV

ZOO

Solution on page 123

How Romantic!

AFFECTION

AMOUR

BEACHES

CANDY

CHARMED

CHOCOLATE

CLOSENESS

COUPLE

CUPID

DANCE

DATE

DESIRE

DINING

DRINK

FANCY

FLIRTY

FLOWERS

GETAWAY

GIDDY

GIFTS

HAPPINESS

HEARTS

HUGGING

JEWELRY

KISSES

LOOK

LOVE

MEET

MUSIC

PASSION

PICNIC

PLANS

RESORTS

SPARKS

VIOLIN

WALKS

WEDDING

WHIMSY

WINE

WOO

```
S Q H Z S W M A X W H I M S Y S
T J G I D D Y S T R O S E R F S
F C I N C I P J I D E R L U W W
I O P K I S S E S Y I E Q O A I
G K T A K N I R D S W P O M V N
N O U S S X I N E E P S U A Z E
I O C K C S A D J A M P G C I H
D L I L H C I B Y Y T R I L F U
D V J T O Q C O U P L E A F Y G
E L I V C S S E N I P P A H F G
W N H O O E E C N A D N B L C I
M X D E L W F N J V C C O S L N
E U T A A I L F E Y A W A T E G
E V S L T R N R A S E H C A E B
T T K I E E T P G R S P A R K S
K S V X C G K S S N A L P V U R
```

Solution on page 123

Be Calm

AROMATHERAPY

BALANCED

BREAK

COMPOSURE

CONTROL

COUNT

DISCUSS

DREAM

EMPOWERED

EXERCISE

FOCUS

FUN

HEALTHY

LAUGHTER

LIGHTEN UP

LISTEN

MANAGE

MANTRA

MEDITATE

PEACE

PERSPECTIVE

POISE

PONDER

PRAY

QUIET

REFLECT

RELAX

REST

SERENE

SIT

SLEEP

SLOW

STILL

TALK

THINK

UNWIND

VISUALIZE

VOICE

WAIT

YOGA

```
R T B E B B U N W I N D W E F Q
C E T A K A E P C P R E L A X M
K I F Y L N H R O O A R T N A M
S U Q L B A I M U I P E G C U H
P Q R R E N N H N S A W K O K F
C E E H P C J C T E O O X N N X
V A R O M A T H E R A P Y T K E
K O E S R U V L E D N M M R N G
J V I S P E W I Q A E E W O L S
D D T C I E T G S D L K T L C P
N R S I E C C H I U I T L S E K
Y S E E A G R T G S A S H A I L
A U R A P W A E I U L L C Y T L
R C E Q M T G N X V A E I U E I
P O N D E R O U A E E L E Z S T
D F E P S R Y P G M M X K P E S
```

Solution on page 123

A Glass of Wine

```
L Y G K I B I I P O T A R T E C
U K H N X A F Y F P D F E N D T
L P W L W M U Y R C L E A N N F
R Z F A O O S O T E W Y P U A B
D Q R R X R V X S S T O T T T G
V M S O U A X H H A E T O S H G
J G O L L I Y Y E E Y Z U D I S
L L U F Y U T M V P N B G B Y P
F Y R L F R V E N A O D O W Y I
Y V V P E I D W R R E D E B T C
Z T F U D G N X Z G Y H R R R Y
B V Z R Y S S I A A C I D I C N
X N V F T P O F S W G Y S C O J
Z I M B N E P F I H C P W H J A
E C U M V A C I T R U S E V X A
P F R O A K H U Z Q M T J W O T
```

ACIDIC

AGED

AROMA

BIG

BODY

BRIGHT

BUTTERY

CHEWY

CITRUS

CLEAN

CRISP

DEPTH

DRY	HEAVY	SWEET
EDGY	LEGS	TART
FAT	MEATY	WARM
FINISH	NUTTY	WOODY
FIRM	OAK	ZESTY
FLAVOR	PEAK	ZIPPY
FLESHY	RICH	
FLORAL	ROBUST	
FRUIT	SOFT	
FULL	SOUR	
GRAPE	SPICY	

Solution on page 123

Retail Therapy

ACCESSORIES

APPAREL

BARGAIN

BEDDING

BOOKS

BUY

CANDLES

CARDS

CASH

CHARGE

CLOTHES

COLORS

CREDIT

DEBIT

DRESS

ELECTRONICS

GIFTS

ITEMS

LUGGAGE

MALL

MUSIC

NEW

OUTING

```
K C W W T S B B H M S K C O S H
Y X O P L E R A P P A E S K Q J
W A P L L L L A M B D R O E S R
I E A P O A I E C N C O S L E S
E R N C C R Z C C H B T T A I E
L J T I P B S A D T A S F S R Z
G D S A V E E N H G R R I E O I
O U T I N G H D W O G O G C S S
M M I P W T T L D T A L N E S H
Y U B R I R O E I I I H S I E O
X Z E Q Y E L S G A N D M P C E
T D D O L N C R T A S G E S C S
I Y N Y R D R E S S G H T R A D
Q G T E T Y R U R Y W G I G C R
K S F S P I Q N P K O F U R F A
W P M S H S A C L F B T B L T C
```

PANTS

PIECES

PLAZA

RECEIPT

RETAIL

SALE

SAVE

SHIRT

SHOES

SIZES

SOCKS

SPEND

STORE

STYLE

TOYS

TRENDY

TRY ON

Solution on page 124

Scenic Pictures

ATTRACTIVE

BEACHES

BEAUTY

BLUE SKY

CHARM

CLOUDS

COLORFUL

COUNTRY

DESIGN

ENGLAND

EVOCATIVE

FLOCK

FOREST

GRAND

HILLS

HORSES

IMAGE

ITALY

JOURNEY

LAKES

MARKET

MISTY MORNING

MURAL

PAINTING

PASTURES

PLEASANT

PORCH

QUAINT

RAINBOW

RIVERS

ROMANTIC

SCENIC

SKETCH

SPRING

STRIKING

SUBLIME

TRAVEL

VALLEY

VIVID

WEDDING

```
Y R T N U O C L O U D S Q M S P
D J O U R N E Y G W K Y U Y K H
G N D M O V T S E R O F A L E Q
N N A I A Y K S E U L B I A T N
I V I R V N Q K V B H K N T C T
K A T N G I T Y I E H C T I H E
I L X S R E V I T A C O V E A K
R L U F R O L O C C G L R B Z R
T E C H A R M J A H N F D S S A
S Y B E A U T Y R E I Z Z U E M
R P L E A S A N T S T Q B N G S
E P O R C H M U T S N L G L A L
V Q S E R U T S A P I L T A M L
I G N I R P S S T M A M J K I I
R I W A Q V K L E N P T R E Y H
C N L L U W E D D I N G I S E D
```

Solution on page 124

Pets

ADOPTION

AQUARIUM

BIRD

BREEDER

CAGE

CARE

CATS

COLLAR

DOGS

ENJOYMENT

EXOTIC

FERRET

FROG

FUR

GERBIL

GOLDFISH

HAMSTER

HORSE

HOUSEHOLD

KITTENS

LITTER

LIZARD

LOVE

LOYAL

MEDICINE

NEUTER

OWNER

PARAKEET

PARROT

PET FOOD

PUPPY

RABBITS

REPTILES

SNAKES

SPAY

STORE

TRAINING

TURTLE

WALK

WATER

```
Q C F R O G T O R R A P U P P Y
X I O Y C E Y A P S N E U T E R
Q Y E R G R B N N P T B A Q Q E
H Q R E N B G O L D F I S H L T
H P O T I I K I T T E N S T Y S
O G T T N L R T E E K A R A P M
N S S I I S E P E L T R U T N A
W T R L A M P O W A L K N X Q H
L F E R R E T D L O H E S U O H
I L B N T D I A V O M E A C D O
Z A C F O I L E O Y K R I P W R
A Y O D I C E I O A I T E N S S
R O L O E I S J N U O D E R T E
D L L G H N N S M X V R E T A W
I S A S R E D E E R B I F L C C
G C R U F J B D Z X H B D H Q L
```

Solution on page 124

Diaries

AGENDA

BOOK

CHRONICLE

CRUSHES

DAILY

DATE

DESIRES

DIARY

DRAWINGS

EMOTIONS

EVENTS

FEARS

FEELINGS

GOALS

GRATITUDE

IDEAS

LISTS

LOG

MEMENTOS

MEMOIRS

MEMORIES

ONLINE

ORGANIZE

PLANS

PRIVATE

QUOTES

READ

RECORD

REFLECT

SECRETS

SENTIMENT

STORY

THOUGHTS

TRAGEDIES

VACATION

WISDOM

WISHES

WORRIES

WRITE

YOUTH

```
U P L A N S S E H S I W E U P D
J X K B A E H T U O Y H Q V R E
X G Y X H C O I A G E N D A I S
S C S S Z R Y R A I D T W C V I
A H U U Q E Z W G M R I K A A R
G R A T I T U D E A N U Y T T E
C O M O D S I W G G N J S I E S
T N E M I T N E S N O I T O M E
H I Y L I A D R O C E R Z N M S
O C K X S I G E V E N T S E E E
U L F E E L I N G S C I M I N S
G E K S O T N E M E M O R I E S
H E L O G G O A L S I R L T R T
T T H G O Q I F C R O N O A E S
S A E D I B E N S W O U E U A I
S D M V Y R O T S W Q F Z S D L
```

Solution on page 124

No Worries

ABUNDANT

ACCESSIBLE

ACQUIRABLE

CASUAL

CHILDLIKE

COMFORTABLE

COZY

CUSHY

DELIGHTFUL

DISARMING

EASYGOING

EFFORTLESS

ELEMENTARY

FABULOUS

FACILE

GOOD

LEISURELY

LENIENT

LOOSE

MELLOW

MERE

OBTAINABLE

ON HAND

```
R Y Z O C L U F I T N E L P D D
E H Y R A T N E M E L E Y E E O
L S W G E L P M I S O F T C L O
A U G N I M R A S I D A O H I G
X C I I S M O O T H C M L I G N
E S U O L U B A F I F E A L H I
D D E G A X L E L O N C E D T H
Y N L Y U R E P R I C H S L F T
P A B S S W M T E E W O O I U O
L H A A A O A N S X M O O K L O
E N R E C B T S P A I N L E S S
A O I N L E I S U R E L Y L W C
S E U E E B C U N H U R R I E D
A B Q E L B A N I A T B O C E M
N C C E F F O R T L E S S A T W
T N A D N U B A D E C R O F N U
```

PAINLESS

PLEASANT

PLENTIFUL

RELAXED

RICH

SIMPLE

SMOOTH

SOFT

SOOTHING

SWEET

UNCOMPLICATED

UNFORCED

UNHURRIED

UNPROBLEMATIC

Solution on page 124

Bingo!

BALL
BOARD
BONUS
CAGE
CALL
CARD
CHEERING
CHIPS
CHURCH
CIVIC
COLUMN
CONCESSION

```
U W V C X W M S I T E Y F G C Z
J J A C O E P C O R N E R S L C
J R A R R E K A E P S D U O L I
D S E C D N R A T J M P T D A V
J B T P K T O E G T E T H Y R I
Y Y Y E P P U I K R E O S L E C
S D C P K O O O S R U R U R V Y
M C H U R C H T Y S A O N E O K
O O I D N I I F E A E M O D C C
N L P R O T Z T L Q P C B L O U
E U S A I R E E F Y R T N E Y L
Y M M O S L A T N O Z I R O H L
Z N N B S N L G N I R E E H C A
E H S P E C I A L E T T E R A C
S I H P S R N W B Y A E M A G A
F H A L L M E Y C L B D I R E U
```

CORNERS	LETTER	ROW
COVERALL	LINE	SESSION
DRAW	LOTTERY	SPECIAL
ELDERLY	LOUDSPEAKER	SUPERSTITION
ENTRY FEE	LUCKY	TICKETS
GAME	MARKER	WIN
HALL	MONEY	
HOPPER	NUMBER	
HORIZONTAL	PATTERN	
HOUSE	PAYOUT	
JACKPOT	PRIZE	

Solution on page 124

Breakfast in Bed

BACON

BAGEL

BANANA

BOWL

BRASS

CANOPY

CEREAL

COFFEE

CREAM

CUP

DOWN

DREAM

EGGS

FOAM

FORK

FRUIT

FUTON

HAM

JAM

JELLY

JUICE

LINEN

LOX

MILK

MUFFIN

NIBBLE

QUILT

SCONE

SHEET

SOFT

SPOON

SPREAD

SPRING

SUNDAY

SYRUP

TEA

TOAST

WAFFLES

WARM

YOGURT

```
X C V C P H F A A G R C C A S W
K T E M Z L O I N G H D G K C D
Y I I D A E R P S P R I N G O B
C B R M C G K C M E L B B I N A
R V R I M A O F A Y L Y B O E E
X A U A F B T M J E M F G T W B
W J S P S O L O T I U R F C B L
A X X G B S I R O L F T S A O T
V B G N O T U F I O F L N N W F
X E W I Q G Q N N E I A E O F O
T O Q Y O T E O D H N E D P I S
D Y L Y Q N O C M A F R T Y M D
F S K G L P K A P F Y E O Y F G
A Q Z H S L E B O L E C V I C Q
O R C A I R E C M H C R P U U U
E V E M C B I J S Y R U P V K G
```

Solution on page 125

Cute Cats

ADOPTED

ALOOF

BALL

BED

BOBTAIL

CHASE

CUDDLE

CUTE

FELINE

FLUFFY

FOOD

FRIEND

FUR

HISS

HOLD

HUNT

INDOOR

JUMP

KITTY

LAP

LEAP

LITTER

LOVING

MEOW

MOUSE

NEUTER

OUTDOOR

PERSIAN

PURR

SLEEP

SMALL

SNEAKY

SOCIAL

SOFT

SPAY

STRING

SWEET

TABBY

TOYS

YARN

```
P C U S A K P J I M S O F T A Y
G T D X Y C I G H W O E M T K W
E J M P L A P T E H S E S A H C
J Z G R Y B R E T U E N E N U C
P G H C B A T N O Y C N A L C S
U R I A B L Z M K U S I I F R R
H H S M A L L O D L S A O L S U
F P O L T H C D I R T U F Y E X
A A Z L E A L T E B T O O L A F
L Q R N D E T P O D A T O A L O
F E G R V E P B O G D V D U A O
K P U R R R O O D N I H F A I L
W F C C T F R I E N D F I S C A
C D S C D N E T G B Y A P S O C
Y L E A P M U J V G N I R T S I
K Z Y B E C N H E P H F I M B U
```

Solution on page 125

Eat Healthy

AVOCADO
BALANCE
BRAN
CALCIUM
CARDIO
CARROTS
CONSUME
CONTROL
DAIRY
DIET
DRINK
EAT
ENERGY
EXERCISE
FAT
FIBER
FISH
FOOD
FRESH
FRUIT
GRAINS
HABITS
IMPROVE

JUICE
LEGUMES
LOW CARB
MAINTAIN
MEDICAL
MILK
MINERALS
NUTS
ORGANIC
PROTEIN

SALAD
SPINACH
VEGETABLE
VITAMINS
WATER
WEIGHT
YOGURT

```
S J V E G E T A B L E R E T A W
U O C H E T S F J C O N S U M E
M E D I C A L I O K H W M H E I
I Y B K I O D A C O V A C M N G
L H I L U C N A V R D E H A E H
K M M E J I R T I I E N I I R T
F A T G F N B E R R T X U N G B
I Z Z U R A C A V O Y A E T Y D
S L G M U G C A L O L U M A S A
H H R E I R P S L A R E N I M L
O A E S T O R R A C N P D N N A
A A B N P W I Z O B I C M B R S
T Y I I C O R D T T J U E I M T
H T F A T E N A R B E A M G R E
R W F R E S H H C A N I P S P I
D Y O G U R T D C Y C K N I R D
```

Solution on page 125

Naptime

AFTERNOON

ASLEEP

BABIES

BEDROOM

BLANKET

BODY

BOOST MOOD

BREAK

CATNAP

CHAIR

COMFORTABLE

COUCH

CRIB

CUDDLE

DAYTIME

DOZE

DREAMS

DROWSY

ELDERLY

ENERGIZE

EXERCISE

HAMMOCK

HEALTHY

KIDS

LAZY

LOUNGE

LULLABY

MATTRESS

MIDDAY

PILLOW

POWER NAP

QUIET

RELAXING

REST

SCHOOL

SIESTA

SLEEPY

SNOOZE

TIRED

WAKE

```
Y N D R O W S Y E B E D R O O M
D A W O L L I P E O N S T Y D U
O K D W O C E K C C E L A Z Y S
B L I D U M N O O N R E T F A C
Y P S D I P T B M V G E S W J H
L V D T S M A S F G I P E A G O
R L Y S I P S N O T Z Y I K Y O
E A S M W R L B R O E T S E R L
D T B A B I E S T E B K S Q H U
L B I E L A E D A A W I N H E L
E F R R O H P O B F C O K A A L
T Z C D U C H R L R A D P M L A
E Z O O N S S S E R T T A M T B
I P U D G N I X A L E R I O H Y
U V C Q E U E J P A N T A C Y Z
Q I H P N P R K K B R E A K O L
```

Solution on page 125

Poetry

ART

BALLAD

BEAT

CANZONE

DICTION

ENGLISH

EPIC

FLOW

FORM

FUNNY

HAIKU

HYMN

HYPERBOLE

IAMB

IMAGERY

INSIGHTFUL

LINE

LITERATURE

LYRIC

MAYA ANGELOU

METER

MUSE

ODE

```
K Q L F E C D B C E Q G Y J G V
M F L O W M L Y R T E O P V S P
U H R R A S T H O U G H T F U L
S K C M L I D Z B E C N A M O R
E P I J T L I T E R A T U R E H
Q H P A W O C R R E N S W F N Y
L R E D H B T A T T Z C H V G P
Y A E L I M I S B E O H Y T L E
R S Q Z T Y O S U M N O M I I R
I E S U M S N T R B E O N Q S B
C B F M A Y A A N G E L O U H O
Y E W R N T I N S I G H T F U L
B A L L A D R Z E S R E V I I E
X T E S V I M A G E R Y H N T H
E D D F U N N Y I A M B E N O T
O N W O R D S O N N E T D I D U
```

PHRASE

POETRY

QUATRAIN

REFRAIN

ROBERT BURNS

ROMANCE

SCHOOL

SIMILE

SONNET

STANZA

SYMBOLISM

THOUGHTFUL

TITLE

TONE

VERSE

WALT WHITMAN

WORDS

Solution on page 125

Your Soulmate

```
X R K I N D R E D E E P H F H C
G J E P D A Y L E F O R E V E R
M N A N L A V B S Y L I M A F L
T I I I T O I A O F E R P S I A
R G M D W R F R L H E E A S V I
U I D S N R A A C H M A T C H C
S L E T I A Y P T O X E H O M E
T P D E V O T E D R N B Y Q Q P
H N N R L C G S G E O F P E G S
U D O C J O H N R A F F I P X P
S H B E T O M I I E I I M D Z O
B H E S U O P S L R D R L O E W
A U A U N I F I E D A N R O C I
N N D R T C E P S E R C U A V F
D U X D E N N L A N R E T E M E
P W F Z Y V F B U Y R O N O H R
```

BONDED

BUDDY

CARING

CHILDREN

CLOSE

COMFORT

CONFIDE

DEEP

DEVOTED

EMPATHY

ETERNAL

FAMILY

FOREVER

FRIENDS

FUN

HOME

HONOR

HUSBAND

INSEPARABLE

KINDRED

LIFE

LISTENER

LOVE

LOYAL

MARRIAGE

MATCH

PAIR

PARTNER

RESPECT

SECRETS

SHARE

SIMILAR

SPECIAL

SPOUSE

TOGETHER

TRUST

UNDERSTANDING

UNIFIED

VOWS

WIFE

Solution on page 125

Tea Time

BAG
BEVERAGE
BLACK
BLENDED
BOILING WATER
BREW
CALMING
COOL
CREAM
CUPS
DARJEELING
DRINK
FRUIT
GREEN
HOT
INDIA
INFUSER
JASMINE
LEAVES
LEMON
LOOSE
MILK
OOLONG

```
C R A G U S L E M O N C U P S L
A I W V D H P H B O S W O H O O
L R X S D R O I S E O N O O P S
M E I F R U I T C O V R S N L G
I P A T I S A N E Y O E A Q P W
N G U V S Z A R K O T T R E B H
G E X S E W C U L L N A H A T I
G N O R T S E O C E I W G I G T
V I I K W E N R M E M G T L N E
K M R L H G E H B R R N E E R G
K S T I E A S P H E E I N D I A
S A O M M E T W S P P L I K A D
H J P X R Z J U A B P I H C B Z
L N A F Y O F R H B E O R A I S
S W E E T N T V A J P B Z L O D
W R T B I Y J D E D N E L B I U
```

PARTY
PEPPERMINT
REFRESHMENT
SAUCER
SIP
SOOTHING
SPICY
SPOON
STEEP
STIR

STRONG
SUGAR
SWEET
TEAPOT
TEAROOM
TISANE
WHITE

Solution on page 126

Spa Treatment

BATH
BENEFICIAL
CLEANSE
CLUB
ENJOY
EXHILARATE
FACIAL
GUEST
GYM
HEAT
HERBAL
HOT SPRING
LODGE
LOTION
LUXURIOUS
MASSAGE
MEALS
MEDITATION
MUD
NATURAL
NUTRITION
OIL
ORGANIC

PAMPER
PEACE
RECOVER
REJUVENATE
RELAX
REST
SALTS
SAUNA
SHIATSU
SKIN
STEAM

TABLE
TREATMENT
WEIGHT
WHIRLPOOL
WRAP
YOGA

```
L Q N T R Z D K P C Q S W G Y M
R R A R E P M A P L X E K X O E
B E H E L Q R E O B U L C I J H
H S E A A W S T H G I E W A N F
N T R T X N I R E V O C E R E R
U L B M A O H O T S P R I N G P
L I A E N O I T A T I D E M A M
O O L N O I T I R T U N A E S M
G C D T M M P L A R U T A N S A
W I B G L O O P L R I H W H A E
I N F B E N E F I C I A L Z M T
K A G O Y S W S H I A T S U S S
Y G S U O I R U X U L A I C A F
P R J R E J U V E N A T E U L E
O O O B M S L A E M U D N D T T
W J E L B A T H G B Y A M E S G
```

Solution on page 126

Have a Beer

ALCOHOL

ALTBIER

AMBER ALE

AMERICAN

AROMA

BELGIAN

BOCK

BREWED

BROWN ALE

CHAMPAGNE

COLOR

CREAM ALE

DARK

DUNKEL

FRUIT

GERMAN

GRAINS

GRAVITY

HEAD

HOPS

IPA

LAGERS

LAMBIC

```
Y H C A I C L A P Y S N I A R G
G T E F L G A M P F S A H O P S
X G I A D T M E O R E L Z P C T
R N B V D D B R R U N C I I E H
G E R M A N I I T I T O E L L G
Y R T Y B R C C E T E H M S A I
T T E A W O G A R R E O F N M L
I S L E W H C N J L W L A E A B
S R E E B D E K O M S R X R E E
O E L K L E L A N W O R B L R L
C W A R R A Y M T M B L A T C G
S J D K Q A E R A B Y R D A P I
I L E K N U D L C L E E E A S A
V S R E G A L L A B T E A W L N
H D E C I P S K M P J Q R S E E
B R O L O C H A M P A G N E T D
```

LIGHT

MALT

MOUTHFEEL

OLD ALE

PALE ALE

PILSNER

PORTER

RED ALE

RYE BEER

SMOKED BEERS

SPICED

STRENGTH

SWEETNESS

VISCOSITY

WATER

WHEAT BEER

YEAST

Solution on page 126

Gone Fishing

BAITS

BANK

BASS FISHING

BOAT

BOWFISHING

CAUGHT

COMPETITIONS

CONTESTS

FISHERS

FLIES

FLOATS

FLY FISHING

GEAR

HOBBYISTS

HOOKS

KAYAK

LAKES

LEISURE

LICENSE

LINES

LURES

NETTING

PLEASURE

POLE

PONDS

REEL

REGULATIONS

ROD

SINKER

SPORTFISHING

SURVIVAL

SWIVELS

TUNA

WATER

WEIGHTS

```
R E E L U R E S A W C K A Y A K
M S G R I G I O S P O N D S H O
R L E N E C N Y R O M T U S K W
Y E H K I R E I E L P T A P N C
G V G O A H I N H E E U G O N D
R I S U B L S X S S T N W R B H
E W C I L B R I I E I A K T Q K
T S N A N A Y S F H T F T F P R
A S E X E K T I S W I C S I L P
W H T G X S E I S K O V U S E Z
W E T I E S F R O T N B R H A J
W S I T A Y Q S U N S A V I S B
R K N G L B E N Z S S N I N U T
Y O G F H N G Q N U I K V G R C
C O D I I T H G U A C E A B E J
L H F L I E S M S T A O L F L O
```

Solution on page 126

In Bed

```
A D J U S T A B L E K L C G H U
F G N I D A E R Z A M T G N I K
N Z A E S P R E A D Y A S D J N
E I R T N E M A E R D F O O S U
V L W Q S I N K M R A W K F P B
D V W T O C L F U R N I T U R E
L H O S P I T A L F R A M E I D
M N M N O I H S U C I D B Z N D
D X T O O F U T O N J M L M G I
C A N F O B B A T H U T H G I N
O S P K O R H Y F L A T E M E G
L V K X D S Q N S L L S L E E P
C U Y W M T W S L I A R U S Z A
B B F R P Y L U U H N Q A N I N
B J E V V K F Q C R I B G U S U
J F U P M O V X A Y O D L K D O
```

ADJUSTABLE

BASE

BEDDING

BOX

BREAKFAST

BUNK

COT

CRIB

CUSHION

DOWN

DREAM

FOAM

FOOT

FRAME

FULL

FURNITURE

FUTON

HOSPITAL

KING

LAY

LINEN

METAL

NAP

NIGHT

PAD

POST

QUEEN

QUILT

RAILS

READING

REST

ROOM

SIZE

SLEEP

SLUMBER

SOFT

SPREAD

SPRING

TWIN

WARM

Solution on page 126

Exploring Aromatherapy

AROMATIC

BALSAM

BATH

CLOVE

CONCENTRATED

CURATIVE

DIFFUSED

DISTILLATION

DROPLETS

ESSENCE

ETHEREAL

EUCALYPTUS

FLORAL

GAS

HEALTH

HERBAL

INCENSE

INFUSION

INHALED

LAVENDER

MASSAGE

MEDICINE

MIST

MUSK

ODOR

OILS

OLFACTORY

PEPPERMINT

PERFUME

PLANTS

PLEASANT

RELIEF

ROSES

SCENTS

SENSORY

SMELL

STEAM

SUBSTANCES

THERAPEUTIC

VOLATILE

```
L B A T H M U S K D E L A H N I
L L A V E N D E R E L I E F P N
E A N O I S U F N I D G M M W C
M E V O L A T I L E S S E N C E
S R I C I T U E P A R E H T P N
D E T A R T N E C N O C P G L S
R H C P L E A S A N T S E D A E
O T S U T P Y L A C U E P I N M
P E A J R S M R L B N L P F T U
L V G O T A O H S I A S E F S F
E O I N S M T T C R T E R U E R
T L E S A L A I O C S S M S N E
S C A T A N D L V O T O I E S P
S G I E C E F P D E E R N D O D
E C H E M L O O L F A C T O R Y
M A S L A B R E H B M I S T Y I
```

Solution on page 126

Very Relaxing

ALONE

AROMATHERAPY

BED

CALM

CHAIR

CUDDLE

EASE

ENJOY

FAMILY

FRIENDS

HALT

HAMMOCK

HOBBY

HOLIDAY

IDLE

INDULGE

JACUZZI

LAZE

MASSAGE

MOVIE

NAP

PAUSE

PEACE

PILLOW

QUIET

READ

RECESS

RECLINE

REST

SLEEP

SOAK

SOFA

SPA

SUN

SWIM

TEA

TRIP

TUB

VISIT

YOGA

```
V Y I K U U R Z B U C L A U N I
I T T A S C U D D L E I V O M E
S L E E P O I K A P N P B E Y P
I T Y L I M A F E S I V C P V R
T B N L B U T K R R L L A A I S
S P B Q B D Q H T I C R L L F S
E B E D X A P A U S E K M O U D
R N L A Z E F G O H R N C N W I
A Q G T S H Y O T G G H D E L J
N O T K M E G A S S A M A S A B
Y P E A C E M R D I S S E C E R
Q Z Y B B O H H R I N D U L G E
O S N H R V M Z C E L Z A P A N
B W G A P G N M Q W Z O W L P J
G I D L E D N J A I W Y H G S O
U M E T E T H X I H P M S X T Y
```

Solution on page 127

Playing Cards

ACE
BET
BICYCLE
CALL
CARDBOARD
CLUB
DEAL
DECK
DESIGN
DEUCE
DIAMOND
DRAW

```
D D O R R W R L S Y M B O L S Y
V J E P A D N A H S P S Y L L D
K D A R N A H E U X E N X A D R
C I D E W O C V F J Q M E C S L
R A T A S U X I F Y K D O W T J
N M R W E T U F L C T Q P Q R H
A D I D M B U N E N E K E M A G
Q L C H B K D D E L H C O N I P
D O K D S O K M O A C W A B G L
E Y S D D I A M O N D Y E N H A
T V L L N N F R J U G T C A T Y
O A O G R U E O D G U I N I G Z
Q H C U H K K C G R N U S O B Q
D L O F O E L D N K O S M E O S
O T T P R U M M Y M J O Q D D N
F N M B B Z L R I P I Z Y F I I
```

FIVE	PINOCHLE	TOURNAMENT
FOLD	PLAY	TRICKS
GAME	POKER	TURN
GIN	RED	TWO
GO FISH	RUMMY	UNO
HAND	SHUFFLE	WILD
HOLD	STRAIGHT	
JOKER	STUD	
KING	SUIT	
OLD MAID	SYMBOLS	
PAIR	TEN	

Solution on page 127

Wonderful Waterfalls

```
I R X S W I M E D R O C K P C O
R E I T Q J G I K A F F I L C Y
E R I V E R O W S F P B Z U S K
T G P O O L A C I T R E V N H L
I A N G E L F A L L S A Z G O W
M T C I N E C S E E G U Z E W G
E X C I K C A V E N V T Y R E I
S L L A F A I N I G R I V U R U
O C B J P S T P W O L F D T B A
Y I E B N M A H P M U U W A R I
S T S A U C I I T U F L R N U R
T O P P S B C C W A R R J R S O
E X O D L A S U O R E D N U H T
E E N R L L D U O L W R Y O E C
P A M S P R A Y S I O N B T L I
L K I S U P O R D I P A R Q F V
```

ANGEL FALLS

BARREL

BEAUTIFUL

BREATHTAKING

BUBBLE

CAVE

CLIFF

DIVE

DROP

EXOTIC

EXPANSIVE

GORGE

IMPACT

LANDSCAPING

LOUD

MISTS

NATURE

NOISY

PLUNGE

POOL

POWERFUL

RAFT

RAPID

RIVER

ROCK

RUSH

SCENIC

SHELF

SHOWER

SPRAY

STEEP

SWIM

THUNDEROUS

TIER

TOUR

TROPICAL

VERTICAL

VICTORIA

VIRGINIA FALLS

YOSEMITE

Solution on page 127

Breathe Deep

ABDOMINAL

ABSORPTION

AEROBIC

AIR

ASTHMA

BELLY

CARBON DIOXIDE

CHEST

CONSCIOUS

CONTROL

COUNTING

DEEP

```
V O L U M E G N A H C X E S P T
C O N S C I O U S O Q S A N A S
I H C N A S A L U S I B O O E E
B V T M R I A N F C S R R R N H
O E P U B X T E R O E H E I O C
R G M P O I R E R L T T F N S C
E A D E N M X P A U H V I G T O
A C B G D E T H A G S M L T R N
M B Z D I I N L U E G S T L I T
H I S N O I T A L A H X E T L R
T R K N X M L A R O E Q R R Z O
S R A P I D I H T L X O I Y P L
A P E E D S P N F I G Y N L S U
I R A T E A F E A E O C G L W N
A J O Z I G R H N L O N O E Y G
N K B D E X A L E R F W O B N S
```

DIAPHRAGM	NASAL	SNORING
EXCHANGE	NITROGEN	THROAT
EXERCISE	NOSTRIL	VOLUME
EXHALATION	OXYGEN	
FILTERING	PRESSURE	
GAS	RAPID	
INHALER	RATE	
LAUGHTER	REFLEX	
LUNGS	RELAXED	
MEDITATION	RIB CAGE	
MOUTH	SLOW	

Solution on page 127

Cozy Restaurants

```
M V H E A N A G Y R E V R E S A
I U P U L H U T B W Y C B A P D
A H O U P I A D A L A S T P P G
K I D O O H R O B H G I E N R T
X D Y J C S D N G F S T T I R A
Y E M O H H E H S F I S L E C L
U L A U S A C X Y Z T L S E R K
Y I E F N N V I E E E S L N D I
R O T V U E N R W D E Y S I O N
E I I L I G M R R D E F S D N M
L T S M A L L I M A N H F S D G
A A F Q E G N U O L E A S O H T
X P C R A K E G D S I I S S C K
M L A O S B A W E L P O E P T J
L F E P L A T E S E H R B S J P
O C D M E L B A T N F O O D E K
```

APPETIZER

CASUAL

CHAT

COFFEE

DELI

DESSERT

DINE

DISHES

DRINKS

EAT

FARE

FILLING

FOOD

FRESH

GRILLED

HOMEY

LIVELY

LOCAL

LOUNGE

LUNCH

MENU

MODEST

NEIGHBORHOOD

NOISY

PATIO

PEOPLE

PIE

PLATES

RELAX

SALAD

SANDWICH

SATISFYING

SERVER

SIP

SMALL

SOUP

STEW

TABLE

TALK

WAITER

Solution on page 127

Adult Coloring Books

ANIMALS

ART

BALANCE

BENEFITS

CHILDHOOD

COLORS

COMPOSITION

CONCENTRATING

CRAZE

DESIGNS

DIGITAL

ENTERTAINMENT

FEELINGS

FOCUS

FUN

GRAY

HOBBY

HUE

IMAGES

MANDALAS

MEDITATIVE

MINDLESS

ORANGE

PASTELS

PEN

PLEASANT

PURPLE

RED

SOOTHING

SUPPLIES

YELLOW

```
H C N S U P P L I E S U P G H N
A J D M H D V E A O D E N K M G
S L E T S A P N O E G I M C L N
R M S R S N I T B N T E O H T S
O I I T F M H E A A D M V I D V
L N G U A I N R R I P A Y L J E
O D N L N E O T T O L N B D U F
C L S G F Y N A S R E D D H G P
D E A I J E T I G H A A I O T X
A S T K C I T N N B S L G O Y Q
G S K N V I C M I S A A I D T W
P W O E O M V E L D N S T R O L
Y C W N S A H N E N T K A L V M
H A V Q V G M T E C N A L A B B
P U R P L E D P F Y R E Z A R C
J B W G L S U C O F Y B B O H M
```

Solution on page 127

Light Therapy

BEAMS

BRIGHT

CIRCADIAN

CLOCK

COLORS

DAYLIGHT

DICHROIC

DIFFUSING

DIRECT

EXPOSURE

EYES

HELIOSTAT

HELIOTHERAPY

INFRARED

LAMP

LASER

LED

LUX

MOOD

MORNING

NATURAL

OPTICS

PHOTOTHERAPY

POLARIZATION

POLYCHROMATIC

RADIATION

RAYS

RESET

RETINA

RHYTHM

SOLAR

SPECTRUM

SUNLIGHT

TIME

TREATMENT

WINDOWS

```
Z S N P M A L C L O C K K Y Z R
K G Y O N O I T A I D A R D M H
C A W A I O R M C I R E S E T Y
N I X A R T U N F E I S Y R N T
S V T H E R A F I S R P P A E H
P U C A T O U Z C N A I I R M M
V I N C M S C I I R G D D F T O
D H E L I O T H E R A P Y N A O
M P N N I P R H E C A C D I E D
S M G A O G T H R L B L W Z R E
E Y E S T O H I C W I I O E T B
B H E R T U C T R Y N O T P L R
E X P O S U R E I D L I S X U I
A Y H L E D S A O M N O F T X G
M P S O L A R W L A E U P N A H
S F B C L O S F D A Y L I G H T
```

Solution on page 128

Yoga

ASANAS
ASHTANGA
BHAGAVAD GITA
BODY
BOOKS
BREATH
BRIDGE
BUDDHISM
CALM
CHAKRA
CLASSES
CONTROL
DHYANA
EXERCISE
GROUP
GURU
HEALTH
HINDUISM
HISTORY
INDIA
KARMA YOGA
MANTRA
MEDITATIVE

MENTAL
MIND
NIYAMA
PHYSICAL
POSITIONS
POSTURES
PRACTICE
PRANAYAMA
SAMADHI
SANSKRIT
SPIRITUAL

STUDIO
TANTRA
TRAINING
WISDOM
ZEN

```
K C A L M U Y M O D S I W Z A H
V K P R A Y D O B R E A T H F E
M B L H T G A S H T A N G A N A
A S U V Y N O I A N A Y H D R L
N E I B O S A Y G N I N I A R T
T R H U E V I T A T I D E M B H
R U D D D K S C V M C H A K R A
A T A D P N P P A Y R O T S I H
M S M H R M I N D L I A J A D S
A O A I A L R H G U R U K I G E
Y P S S N O I T I S O P M D E S
I U K M A R T L T I R K S N A S
N O O N Y T U S A N A S A I Z A
V R O K A N A E S I C R E X E L
N G B W M O L A T N E M T M N C
M D P R A C T I C E O I D U T S
```

Solution on page 128

Delicious Dinners

BANQUET

BEEF

BELL

BOWL

CHAIR

CHICKEN

CONVERSATION

COOKING

DAD

DESSERT

EAT

EVENING

FAMILY

FARE

FISH

FOOD

FORK

GRACE

HAMBURGER

HUNGRY

JUICE

KITCHEN

KNIFE

LAUGHTER

MANNERS

MOM

NAPKIN

PIZZA

PLATE

RECIPE

SALAD

SAUCER

SOUP

SPOON

SUPPER

TABLE

THIRSTY

TONGS

WASH UP

WINGS

```
T D N R B Y R S G N I W S G K C
N O D E B J I R C C V P U O S G
H O E C U J A T H I R S T Y A X
K F O I O C H I A O O B O W L L
K N C P E N C S M D P U H S A W
G E I E S K V G B O D A D U D I
G Y G F E T S E U H M E G B N K
G N I N E V E A R R S H C A R S
G F A M I L Y Y G S T I P O A S
V H T E L K S A E E A K F U T G
E K A E Q U O R R K I T C H E N
F C B I P R T O E N G E I H U O
B V L P I Z Z A C N R C E O Q T
T F E S T Z T Y R G N U H R N E
S R T P E Q Y N N P L A T E A K
W S P P K H F D Z X L I M C B F
```

Solution on page 128

Bedtime Reading

```
D S D G U L P N U D K I M T B Q
Z H U M O R T O D T A O U F X P
N D R E A M D S E R H L O A O M
S T O R Y G N I H T O O S B G T
E L U F E C A E P E R W R L S O
G L N K M F T Z M D E Y S E O R
A N O I T C I F I E A T R Y A I
P R I U P I K A I N M O S N I U
F E T T R O M A N C E O C X N L
Q L N I R Y R E C A L M I N G S
B A H C C O V E R S O S S R A C
B X A H U L F N O V E L S M E I
I A B T I H E M I N G W A Y T M
B K I N D L E S O Y B J L C G O
L N T E A S Y Z O C A E C R S C
E O H S W O L L I P E E L S M A
```

ARTICLES

BIBLE

BOOK

CALMING

CLASSICS

COMFORTING

COMICS

COVERS

COZY

DREAM

DROWSY

EASY

FABLE

FICTION

HABIT

HEMINGWAY

HUMOR

INSOMNIA

KINDLE

MAGAZINE

MEMOIR

NOVELS

PAGES

PAJAMAS

PEACEFUL

PILLOWS

POETRY

RELAX

REST

ROMANCE

ROUTINE

SHEETS

SLEEP

SOOTHING

STORY

TEA

THOREAU

UNPLUG

Solution on page 128

Bedtime Reading

```
G B T M I K D U N P L U G D S D
P X F U Q A T D O O T R O M U H Z
M Q A Q L H R E S D M A E R D N
T G B S O O T H I N G Y R O T S
O S L R W R E P E A C E F U L E
R O E S Y E D M Z T R M K N L G
A I A Y R T A E I F I C T I O N A
U I N S O M I A K I P U L R P
L N X Q Q E C N A M O R T E E
O S G N I M L A O E R Y R I N L O
C A R S S O S R E V O C C H A B
I E M S L E V O N F L U H A X B
I A B T I H E M I N G W A Y T M I
O G C L J B Y O S E L D N I K B
C S R C E A C O Z Y S A E T N L
A M S L E E P I L L O W S H O E
```

ARTICLES	PAJAMAS	STORY
BIBLE	PEACEFUL	TEA
BOOK	PILLOWS	THOREAU
CALMING	POETRY	UNPLUG
CLASSICS	RELAX	
COMFORTING	REST	
COMICS	ROMANCE	
COVERS	ROUTINE	
COZY	SHEETS	
DREAM	SLEEP	
DROWSY	SOOTHING	
EASY		
FABLE		
FICTION		
HABIT		
HEMINGWAY		
HUMOR		
INSOMNIA		
KINDLE		
MAGAZINE		
MEMOIR		
NOVELS		
PAGES		

Solution on page 20

ANSWERS

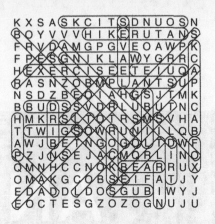

COMFORT FOOD

A WALK IN THE WOODS

STAY POSITIVE

CRUISE SHIP VACATION

HAVE A SEAT

ADORABLE PUPPIES

LAZY SUNDAY

CREATIVITY

MEDITATION

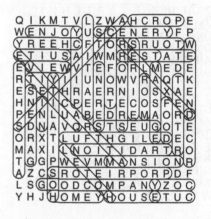

BED AND BREAKFAST

NATURE

WORKS OF ART

STAYING HEALTHY

A CUP OF COFFEE

THE WEEKEND IS HERE

NICE BATHS

HAPPY MARRIAGES

LIVING WELL

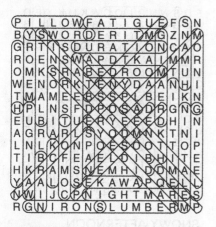

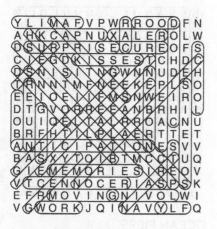

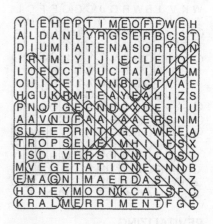

INSPIRATIONAL

FLOWER GARDEN

SLEEPING

PLEASANT PICNICS

BACK HOME AGAIN

RELAX

PAY A COMPLIMENT

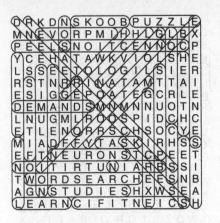

MENTAL AEROBICS

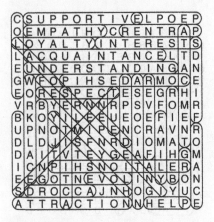

BE FRIENDS

SNOWY AFTERNOON

REVITALIZING

OCEAN PIERS

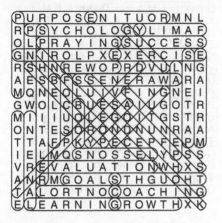

PERSONAL GROWTH

SPRING HAS SPRUNG

AMAZING MINDS

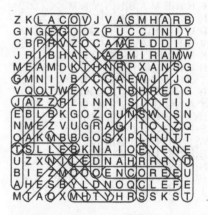

LISTEN TO THE MUSIC

CHEERFUL THINGS

KITE FLYING

FAVORITE TV SHOWS

ALL HAPPY

DAY AT THE PARK

CROSSWORDS

PATIO LIVING

A TASTY BOWL OF SOUP

KIND FOLKS

HORSES

HYPNOSIS

CHOCOLATE

WARM SWEATERS

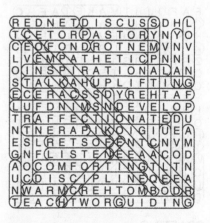

NURTURING PEOPLE

LET'S PARTY

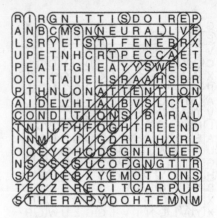

MINDFULNESS

SAIL AWAY

FAMILY TIME

CRAFTING

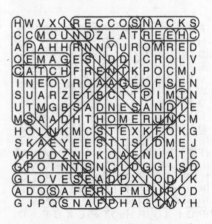

GO TO A BASEBALL GAME

VERY FUNNY

ENRICHING PUZZLES

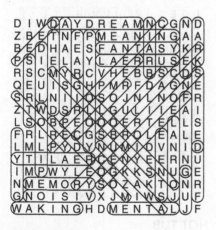

COMFORTABLE

IDYLLIC GETAWAY

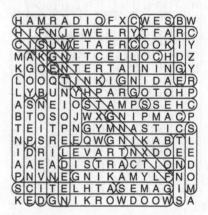

DREAMING

HOBBIES

TRIP TO THE ZOO

THE LIFE OF LEISURE

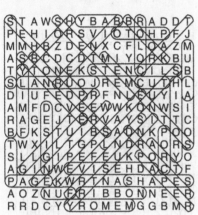

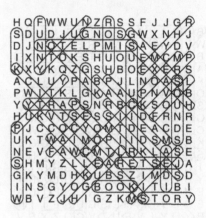

SCRAPBOOKING

SO SILLY!

PSYCHOTHERAPY

HOT TUB

GO FOR A DRIVE

LOVE TO SEW

GOOD TIMES

HOW ROMANTIC!

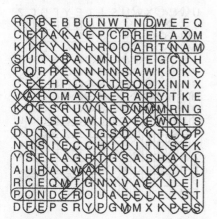

BE CALM

A GLASS OF WINE

RETAIL THERAPY

SCENIC PICTURES

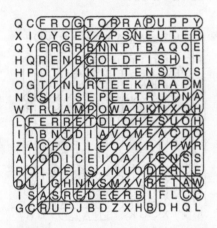

PETS

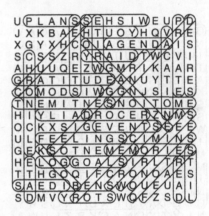

DIARIES

NO WORRIES

BINGO!

BREAKFAST IN BED

CUTE CATS

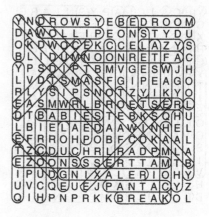

EAT HEALTHY

NAPTIME

POETRY

YOUR SOULMATE

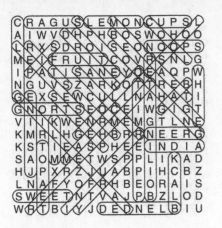

TEA TIME

SPA TREATMENT

HAVE A BEER

GONE FISHING

IN BED

EXPLORING AROMATHERAPY

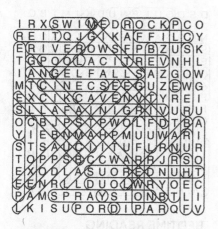

VERY RELAXING

PLAYING CARDS

WONDERFUL WATERFALLS

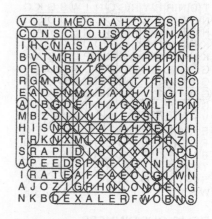

BREATH DEEP

COZY RESTAURANTS

ADULT COLORING BOOKS

LIGHT THERAPY

YOGA

DELICIOUS DINNERS

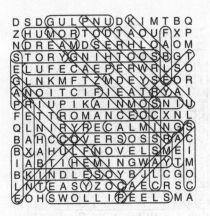

BEDTIME READING